엄마집

강정희 수필집

엄마집

좋은땅

엄마의 두 번째 수필집에 부쳐

39년생인 나의 어머니는 강씨 집안의 맏이로 태어나셨다. 외할아버지와 외할머니는 일제 강점기에 동래고보(현 동래고)와 일신여학교(현 동래여중과 동래여고)를 나오셨다. 외할아버지는 철도공무원을 거쳐 청주역장을 지내셨다. 글도 잘 쓰고 운동도 잘하는 팔방미남이셨다는 이야기를 이모들에게 들었다. 외할머니는 전업주부로 사시면서 4녀 1남을 키우셨고 종종 일본 문학잡지를 읽으시던 모습이 기억난다. 엄마의 글에 대한 열정은 두 분으로부터 고스란히 물려받았다고 보아야 할 것이다.

어머니는 철도공무원인 할아버지 덕분에 학창 시절에 부산뿐 아니라 대전, 묵호, 청주 등에서 학교를 다니셨고, 시험을 쳐서 경남여고에 편입하셨다. 부산대학교 사학과에 진학하셔서서 과 수석으로 졸업하셨고, 아버지와 결혼하기 전 잠시 대학 연구소에서 조교로 근무하셨다. 그 당시 엄마와 함께 근무했던 한 해 선배 언니는 계속 공부하여 부산대 교수가 되셨다. 1960년대에는 여자가 대학에 진학하는 것도 드물었고, 결혼하면 전업주부가 되는 것이 당연한 수순이어서 엄마는 선배처럼 공부를 계속하지 못한 것에 대해 두고두고 후회하셨다. 엄마의 공부에 대한 미련은 평생 독서를 즐기고 수필을 쓰는 것으로 대체되었다.

엄마는 1994년 『수필문학』지로 등단하셨다. 그전에도 여성잡지나 지역신문에 꾸준히 글을 보내셨다. 나도 결혼 전에 엄마를 따라 지역신문에 글을 보낸 적이 있다. 내가 대학을 다니던 1980년대 중후반에는 딸도 만날 겸 한 달에 한 번 서울로 오셔서 '코끼리 여성문학회' 활동을 하셨다. 시나 산문을 쓰는 작가들을 초대하여 문학 수업을 받았는데 나중에 보니 신달자, 박범신 등 이름난 작가들의 수업이었다. 당시 문학회 활동은 작품집 2권으로 엮어 출판되었다.

등단 이후 30년 넘게 꾸준히 수필을 쓰면서 87세인 지금에 이르셨다. 지금도 1년에 여러 차례 원고를 여러 문학지에 보내고 계신다. 젊으셨을 때는 컴퓨터를 배워 이메일로 직접 보내셨지만, 지금은 엄마가 종이에 원고를 써서 내게 보내 주면 내가 타이핑 해서 출판사에 보내는 방식이다. 그러다 보니 나는 엄마 수필의 첫 번째 독자가 되었고, 엄마의 수필이 파일로 쌓이게 되었다. 엄마는 2000년에 수필집 『피아노 소리』를 내셨고, 이후에 계속 수필집을 내고 싶어 하셨으나 기회가 없었다. 나는 더 늦기 전에 엄마의 글을 모아 두 번째 수필집을 만들어 드리기로 했다.

　엄마의 수필은 쉽고 담백하다. 엄마의 선한 성정이 그대로 글로 전해
진다. 전업주부로 평생을 사셨으니 우리의 일상과 주변의 사물에 대한
이야기가 주요 소재다. 때로는 어릴 적 향수를 불러일으키고, 때로는
나이 듦에 대하여 인생의 무상함을 이야기하며 속마음을 드러낸다. 그
래서 나는 엄마 수필을 통해 매번 추억 여행을 하고 잘 나이 드는 것에
대해 생각하게 된다.

　나도 나이가 들면 엄마처럼 수필을 쓰고 싶어질지도 모르겠다. 더 일
찍 두 번째 수필집을 내어 드렸더라면 좋았을 텐데 많이 늦어졌다. 이
책에 실린 많은 작품 중에 이 책의 의미를 가장 잘 담은 것 같아 『엄마
집』으로 책 제목을 정했다. 수필을 주제별로 분류해 볼까 고민하다 생
각의 흐름을 자연스럽게 보여 주는 시간순으로 배열하였다. 내 드라이
브에 저장된 파일들이라 누락된 수필도 꽤 있을 것이다.

차례

신세대로 산다

나는 엄연히 구세대, 흔히 보수적인 사고를 가진 연륜에 속해 있는 셈이지만 신세대 측에 또 서 있다. 신세대라고 구분 지을 만한 어떤 외형적인 것은 하나도 이루지 못한 채 말이다. 그들이 숨 가쁘게 이루고 있는 것 중 한 가지쯤엔 골몰할 수는 있어야 진정한 신세대일 것을…. 그래도 괜찮다. 나이는 들어도 마음은 늙지 않는다는 막연한 그 어떤 맥락과는 다른 신세대이니까.

그 첫 번째 일은 어느새 2년 반이 넘었던가. 대선 때 우여곡절이 있는 가운데 세대 간 격차가 돌출함에 이견이 없었을 때 나는 어쩐지 신세대 측에 마음이 닿아 있었다. 물론 끝까지 마음을 행하기도 했다. 그 이후부터 엄청난 고난(?)을 겪는다. 시침 뚝 떼지 못하는 성격이라 가족과 친구 등 주위 사람에게 왜 고백을 했던지.

우리나라 사람들 정치 수준이 낮은 것 같지만 또 얼마나 높은지 모른다. 어디를 가나 좌중에선 어김없이 듣는다. 때로는 이상한 시선을 받기도 한다. 어떤 말의 의미가 과했다 싶을 때도 질타는 이어진다. 지난

번 때처럼 신세대 구세대 사고의 격차에 대한 논의가 분분한 적이 과거엔 없었던 것 같다. 어찌 된 셈인지 보수적인 사람들이 등을 돌리는 사람들에 향해 이해하고 싶었으니 역시 신세대의 마음이 아닌지.

참 색깔 논쟁도 몇십 년 만에 유독 많이 들었다. 조금만 어찌하면 색깔이 어떻다고 몰아붙인다. 나라가 당장 무슨 일이라도 터지듯 걱정들을 한다. 그렇다고 보수적인 사람들을 향한 불만을 가지고 있지는 않다. 나름대로 일리도 있고 함께 비슷한 마음이 될 때도 더러 있었으니. 그러나 중요한 것은 보수적인 사람들이 신세대를 향해 한심하게 여기고 날을 세우고 있는 데 반해 신세대는 보수적인 사람들을 향해 그렇지 않다는 것은 틀림없지 않을는지. 어쩜 그들이 더 따뜻한 마음을 가지고 있는지 어찌 알랴.

때로는 너무 무지막지한 말들을 주고받는 이들 속에서 답답해질 때도 있다. 왜 한 발짝 물러서지 못하는지 좁은 나라의 사람들이 이해의 강을 어디에 다 흘려보내 버렸는지.

정치적인 면에서뿐 아니라 나는 예전부터 늘 신세대다. 스포츠에 관한 한 어느 누구보다 늘 애정이 변하지 않은 채로다. 86아시안 88올림픽 등의 경기가 개최되고 난 후부터 부쩍 대중 스포츠로 자리매김한 셈이지만 그 이전부터 스포츠에 관심이 많았다.

초등학교 때부터 야구도 보러 갔고 중학 때는 배구 등을 위시한 구기종목은 물론이며 옛날에는 인기 있었던 권투 같은 경기도 누구누구 선수가 있다는 것 등을 훤히 안다. 어른이 되고 나서도 마찬가지였다. 중계방송을 들을 때는 해설가의 말도 빠뜨리지 않는다. 아이들이 붙여 준 별명이 한 때는 스포츠 기자인 적도 있었다. 이쯤 되면 신세대와 상당히 가까이 있는 편일는지.

몇십 년 혼자 글을 쓰다가 중년의 나이를 넘어서 어느 한 귀퉁이에 글을 쓰게 된 주제가 되었으나 수필에서의 신세대를 늘 목마르게 갈구하는 바이다. 진정 젊은 글들을 읽고 싶었다. 수필가들의 모임에 젊은 이들이 많지 않은 게 아쉬웁기도 했다. 자신도 무언가를 훨훨 털어 버리고 어떤 타성에서 벗어나고도 싶었다. 그러나 어이하랴! 글에서만큼은 현재의 자신이 결코 벗어나지 않는다는 사실을….

아무리 젊은 세대를 이해하고 생기 찬 글을 쓰고 싶다 해도 세월의 벽은 어느새 두텁게 쌓여 내면을 배제할 수가 없는 모양이다. 펜만 들면 저절로 현 위치가 이렇다는 것만 확인하니 말이다. 그래도 나는 신세대의 마음과 항상 가까이 살고 싶다. 비록 취약점이 수두룩하지만.

사람이 북적거리는 곳, 특히 젊은이들이 많은 곳에 가길 저어하지 않는다. 많은 사람이 있는 곳에 가면 머리가 아프다는 연배들도 있지 않은가. 지하철도 오르락거리며 잘 타고 다니고 왕복하는 데만도 서너 시간이 걸리는 야구장에도 몇 차례 가기도 했다.

허기는 쾅 얻어맞은 적도 있다. 지하철에는 보다가 두고 간 신문이 가끔 있다. 한번은 그걸 들고 와서 보다가 깜짝 놀랐다. 보통 일간지 신문의 오늘의 운세를 꼭 챙겨 보는데 지하철에서 보는 신문의 운세에는 아무리 보아도 내가 태어난 해는 보이지 않는다. 이런 곳에는 완전히 저만치 밀리어 났구나를 실감하지 않을 수 없다. 젊은이들이 곧잘 보는 신문에선 동떨어진 사람이 항상 신세대라고 우쭐대고 있었나 보다. 그것도 한 계단도 아니었지 아마.

작은 기기에서 첨단기기에 이르기까지 손도 못 대는 구식 사람이 젊은 무리 속에 조금 섞이어 보았다고 자칭 신세대로 살고 있다고 외쳐대고 있으니. 그래도 재미있는 세상임엔 틀림이 없지 않은지. 그러나 이백 자 원고지를 영원한 벗으로 삼는다 생각하면 나름대로 힘이 솟는 걸 어느 누가 알는지. 컴퓨터는 아직도 내게 손짓을 하는데 말이다.

(2005.07.)

그 미장원

그 미장원은 출입문부터 별나다. 외형은 이층집의 일 층인데, 문이 잘 열리지 않는다. 비록 재개발 말이 있는 아파트 앞이지만 명색 신시가지에 있는데 말이다. 여러 번 삐걱거리는 문을 겨우겨우 열고 들어선다. 5, 6십년대의 미장원에 온 듯하다. 일부러 꾸며도 그리 못 꾸밀 것 같다. 말은 30년이 되었다 한다. 파마 손님이 많은 모양인데 머리 감겨주는 곳이 눈에 띄지 않는다. 구석에 수도꼭지 빠진 세면대가 있고 그 옆에 물통이 있는데 바가지로 머리에 물을 퍼부어 대어 감긴다. 손님은 주로 할머니다.

그러고 보면 여자는 아무리 나이가 많아도 미장원에 가야 한다. 옛날처럼 쪽 진 머리가 아니기 때문에 커트도 파마도 아니할 수 없다. 그러니 미장원은 할머니 손님이라고 홀대하면 안 된다. 엄연히 좋은 고객이 될 수 있기 때문이다. 그런 의미에서 그 미장원은 고령 할머니들에게 친절하다.

엊그제도 휴일에 이웃 할머니들과 쑥 캐러 갔단다. 얼마나 많이 캐었는지 참쌀 넣고 떡 만들어 미장원에 갖고 왔다. 아내더러 "공주야"라고 부르는 남편이 30년 커피 탔다는 실력을 발휘해 여러 잔의 커피를 탄다. 봄 내음이 풍기는 쑥떡과 30년 전통의 커피를 먹으며 모두들 즐거워한다. 아내는 남편을 "자기야"라고 한다. "공주야, 자기야" TV 연속극에서 나오는 대사가 아니다. 문짝이 삐걱거리는 옛 모습을 간직한 미장원의 모습이다.

82세의 할머니는 나이가 몇이냐고 누군가 물으니 얼마 되지 않는다고 부끄러워한다. 결국 채근을 당하고 실토를 해 모두들 놀란다. 주인 남편의 너스레가 대단하다. 고령의 할머니도 "아지매다 아지매, 나이 진짜 많네…." 그런 말을 듣는 할머니 표정이 밝다. 이렇듯 할머니들이 즐겨 찾아오는 이유는 달변에 있는지.

사실 미장원 시설은 전무하다. 미장원은 미용 기술도 중요하지만 요즘은 인테리어를 잘해 놓는다. 쾌적한 공간은 물론이고 각종 편리한 기구를 구비해 놓고 서비스를 하고 있다. 이곳은 그런 곳과는 아예 거리가 멀다. 파마할 때 머리를 말고 나서 써야 하는 기구가 없이 하니 시간이 두세 배로 걸린다. 거드는 사람이 없고 혼자 감고 풀어야 하고 기다리는 사람이 많으니 바쁜 사람은 아예 올 수가 없다. 값은 꽤 싸다. 이래저래 시간적 여유가 있고 경제력이 약한 노령층이 단골이 되었는지. 또 그리도 친절하고 마음 편하게 대해 주는 어느 또 다른 미장원이 있을까. 칠, 팔십 대 할머니들도 할머니 소리 듣지 않고 아지매로 통하고 마음 놓고 웃을 수 있는 곳이.

비록 들어서는 문짝 여닫는 일도 여의치 않고 서서 어중간히 엎드린 채 바가지로 물을 부어 대어 머리가 감기어지지만 어떤 편안함으로 이 미장원을 찾게 되나 보다. 그러나 한편으로 왜 이다지도 시설을 열악한 그대로 운영하는가에 대해 의문이 간다. 어떤 가게든 가게를 열었으면 손님에 대한 최소한의 배려는 기본이기도 할 텐데 말이다.

몇 달 전 우연히 한 종합병원에서 정기적으로 머리 손질 봉사를 하는 그녀를 보게 되었다. 이발, 미용 등 머리 손질 봉사하는 얘긴 들은 적은 있지만 실제로 곁에서는 처음 보았다. 그녀는 꽤 깔끔한 모습이었다. 좋은 시설의 어느 큰 미장원의 원장님으로 보였다. 커트하는 손놀림도 예사롭지 않게 능숙하다. 병원 관계자는 묻지도 않은 말을 한다. 어느 동에서 계속 미장원을 하고 있으며 미용비도 싸고 손님은 북적인다고. 그런 연후 별러서 찾아본 곳이 그 미장원의 참 모습이다. 병원에서 본 그녀는 우아하고 미소조차 맑다. 봉사를 실천하는 사람의 마음이 전해지는 듯 어떤 감동을 받은 것도 사실이다. 미소에 끌려 꼭 찾아가겠다는 약속까지 하고 만다.

그 미장원에서의 그는 정반대라면 반대의 모습이다. 버릇없듯 자연스레 떠들고 한다. 있는 그대로 자연스럽다면 자연스럽다. 꾸밈도 없고 변함없는 그 상태로서도 편안함으로 존재하듯 보인다. 점심때면 할머니들과 상추쌈 쌈밥도 잠깐 뒤쪽으로 가서 먹나 보다. 어쩌면 고령의 할머니들도 어떤 의미에서 소외계층일 수 있다. 어느 누가 반기며 위해 줄 사람이 있을는지. 무수히 고생한 세대의 사람들이며, 오늘날 편안함

보다 서운한 마음이 더 가득할 것이 아닐까. 그 사람들을 위하는 마음도 또 봉사의 정신이 없고선 아니 될 것이 아니겠는가. 실지 그녀의 마음이 그렇지 않다손 치더라도 봉사하는 모습으로 보고 싶다. 아마 오늘도 할머니들이 아지매로 불리우며 물바가지 쓰고 30년 커피 탔다고 뻐기며 타 주는 커피를 마시며 웃음꽃을 피우는 모습들이 눈에 선하다. "공주야, 자기야"를 양념으로 간간이 듣기도 하면서….

(2006. 08.)

불안한 나라

요즈음은 워낙 출산율이 낮아 한 집에 한 자녀 둔 집이 많으니 아들 딸 구별이 없어진 추세다. 더러는 딸을 낳으면 더 반갑다는 집도 있다. 그러나 남아를 선호하던 세대의 사람들이 다 사라진 것은 또 아니다.

딸 셋에 아들을 하나 둔 집이 있다. 딸들도 잘 키웠지만 아들에겐 더 없는 정성을 쏟았다. 명문대학에 박사까지 되었다. 며느린 전문직 여성을 맞았고, 남매까지 두어 정말 남부럽지 않은 위치에 서게 되었다. 그러던 어느 날 아들은 어렵사리 투자이민 얘기를 꺼낸다. 선배가 미국에 이민 간 사람도 있고 중요한 이유는 자식을 위해서라고 한다. 불안한 나라라고…. 우리의 환경이.

옛날의 부모에 비하면 오늘의 부모는 마음이 약하다. 한마디로 승락했다고 한다. 이미 자식은 결정을 한 뒤에 말하는데 잘못 말하다가는 불화만 생기는 게 아닐까 싶어. 더구나 손주를 우한 일이라고 하니 기꺼이 승락을 했다. 언제부터 착착 준비되었던 일이었는지 올여름 장마에, 폭우에 정신없었던 때 그들은 미국으로 떠났다고 한다. 막상 떠나고 나니 보름 동안 어찌나 허무하던지 혼자 틈틈이 울었다고 한다.

허긴 이민의 역사는 일제 강점기 때 하와이 이민을 선두로 100년이 넘었다. 세계 곳곳의 나라에 우리나라 사람이 이민가 정착하고 있다. 친척 중에, 형제 중에 이민 가 있는 사람이 있는 게 보통의 일이다. 그런 경우 섭섭함은 언제나 있지 아니한가. 그러나 어느 날 갑자기 자식이 이민 얘기를 꺼낸다면 부모의 특히 엄마의 마음은 어떨까. 정말 그 마음을 알 것 같다. 아울러 엄마들은 소리 없이 눈물 흘릴 때가 더러 있다는 것을.

며칠 전 가까이 있던 아들네가 서울로 이사를 갔다. 2년을 곁에 있었다. 물론 학교도 서울서 다녔고 결혼해 몇 년 서울에 살았었는데 새삼 서운한 건 또 뭣일까. 아직은 우편물이 올 것 같아 그 집을 향해 산책길로 걸어 올라가다가 손주들과 더러 앉아 놀았던 등나무 밑에 앉으니 눈물이 고인다. 여름의 막바지임을 알리려는지 매미 소리는 어찌 그리 크기도 한지…. 한 이삼일 이러다 말 것이다.

혼자만의 눈물. 자식들이 외국에 공부하러 갔을 때도, 결혼해 집을 떠날 때도 그랬었지. 나이 들어가니 눈물에도 어떤 자존심이 있는지 남들이 보는 데선 절대 눈물을 흘리고 싶지 않다. 자신이 처지가 괜시리 을씨년스러운 것 같을 때도 그랬다. 그 옛날 마리오 란자는 "남몰래 흘리는 눈물"을 얼마나 멋지게 또 호소력 있게 불렀었지.

아무리 세계는 하나이며 일 년에 한두 번, 형편이 좋으면 더 많이 왔다 갔다 하면 괜찮다고 하지만 그 엄마는 한 달쯤 혼자 눈물을 몰래 흘릴는지 모른다. 부모라고 권위가 있고 큰소리치던 때, 자식들이 부모의 의견을 순종했던 시절은 멀어지는 걸까. 사회현상은 많이 변하고 있다. 자식을 위해서라면 모든 걸 감수할 수 있는 걸까.

이렇게들 이민 가는 젊은 층이 많다고 한다. 이민은 어느 나라든 갈 수 있다. 삶의 터전을 향상시키려 도전해 봄도 꿈일 수 있다. 노년을 넓은 나라에 정착해 보고 싶어도 한다. 그러나 자식 키우기가 불안한 나라라는 이유에서라면 왠지 씁쓸해진다. 어쩌다 이런 말이 들리게 되었는지.

오십여 년의 분단국이 첫째 원인 제공일까. 또 미덥지 못한 정치인들에게 책임이 있는 걸까. 갈수록 심해지는 전반적인 양극화 현상 속에서 날을 세우고 있고 이해의 노력, 이해의 폭은 실종되어 있으니 어찌 젊은이들이, 자라나는 아이들이 마음 놓고 키울 수 있을지 의문시되기도 할 것이다.

그러나 좋은 나라, 우리나라인 점 또한 적지 않다. 우리나라 곳곳을 여행해 보면 좋은 나라라는 걸 절로 느끼게 된다. 훤히 뚫린 도로들, 휴게소의 쾌적한 시설, 아름다운 산과 강들, 아무리 높은 산이라도 나무들이 울창하다. 어느 외국에 비해도 손색이 없다. 세계를 여행해 보면 대한민국 같은 곳도 별 없다고 한다. 거기에다 물자 풍부한 경제 대국이 아닌가. 교육열도 높아 일반적인 국민들 의식 수준도 상당히 높다. 대기업들은 경제 대국의 위상을 세계 곳곳에서 더 빛내어 주고 있다. 우리는 정말 살기 좋은 나라에 살고 있음이 분명하다.

그럼에도 불안한 나라라는 멍에를 한편으로 못 떨쳐 버리고 있으니 이는 우리 모두의 책임이기도 하다. 어쩜 나만의 일이 아닌 우리 모두의 일로 임하는 자세가 부족했는지도 모른다. 어디를 가나 누구에론가 불평불만이 가득한 것도 문제일 수 있다. 그러고 보면 좋은 나라는 분명 우리가 만들 수 있다. 우리네의 마음들이 힘을 모다 이룩하면 된다.

　나쁜 점보다 좋은 점을 발견하고 키우자. 불안한 나라라고 서둘러 떠나기에 앞서 좋은 나라에 사는 자긍심을 갖고 배전의 노력을 함이 어떨지. 그 어머닌 불안한 나라에서 어찌 손주를 키울 수 있냐는 말을 여러 번 했다. 그렇게라도 말하며 스스로를 달래고 있을 것이다. 좋은 나라 사랑은 우리의 책임이며 몫이기도 하다.

(2006. 08.)

장화

장마철이다. 때로는 비가 주룩주룩 내린다. 딱히 정해진 일이 없다 해도 외출할 경우가 생긴다. 시간대를 잘못 만나 하필 비가 많이 올 때 나가게 되면 신발이 젖기 일쑤다. 도로는 어찌 그리 울퉁불퉁 파인 곳이 많던지 목적지까지 가다 보면 신발이 물에 질퍽거리게 된다. 이럴 때면 장화 생각이 절로 난다. 마음 놓고 걸어가면 얼마나 좋을까 하며.

현대인들은 왜 장화를 멀리하게 되었는지 한 번씩 의문스럽다. 폭우가 와도 거리에서 장화 신은 사람은 보이지 않는다. 승용차가 흔하다 해도 모두들 타고 다니는 건 아니다. 걸어 다녀야 할 일들이 훨씬 많다.

어른, 아이들 할 것 없이 비가 오면 우산 또는 우비와 함께 장화는 꼭 필수품이었던 시절이 있었다. 장화의 초기는 옛날의 고무신이 검은색으로부터 출발했듯이 검은색이었으나 차츰 알록달록한 색깔들로 거듭났다. "빨강 우산 파란 우산 찢어진 우산 좁다란 학교 길에 우산 세 개가 나란히 간다~" 는 동요도 있지만 장화도 알록달록 비 오는 날의 멋내기의 일부분이었다. 특별히 비가 많이 내리는 호우만 아니면 장화는 빗물의 침입을 완전하게 막아 준다. 물이 웬만큼 고인 땅도 지나가기에 거뜬해 불편을 주지 않는다. 엄마들은 식구들 장화를 반드시 신발장에 가지런히 마련해 두었다.

그랬었는데 어느 날부터인가 사람들이 장화를 점점 외면하기 시작했다. 여인들은 장대 같은 비가 내려도 굽 높은 구두를 신고 조심조심 걷기도 한다. 어떤 연유에서 그리되었는지는 어느 누구도 알 수 없다. 어쨌든 장화는 관심 밖으로 서서히 밀려 나갔다.

하지만 장화란 존재가 완전히 사라진 것은 아니다. 신발가게에 가면 한 켠에 장화가 보인다. 장화에 관심을 갖고 유심히 보다 보니 특수하게 만들어진 패션 장화도 있긴 했다. 또 가끔 엉뚱한 곳에서 장화가 신기어진다는 것도 볼 수 있다. 그곳이 바닷가 갯벌이기도 하고 어패류, 생선 공판장일 수도 있다. 또 어떤 단체의 식당에 설거지하는 사람들이 고무 앞치마를 두르고 장화를 신고 있기도 했다.

이렇듯 비와는 아무 관계가 없이 어떤 일의 도구로서 장화의 역할도 있나 보다. 한번은 지하철에서 색깔 있는 장화를 당당하게 신고 있는 사람을 보았다. 여자도 아닌 중년 남자였다. 남들이 신고 신지 않음에 개의치 않고 자신이 편리한 대로 임할 수 있는 자세가 부러웠다. 아마 그도 장화의 필요성을 잊지 못해서였겠지.

그러고 보면 장화의 수요는 적어지지만 아직 우리 주변에서 필요로 하는 곳이 있는 이상 공장에서 장화는 계속 만들어지고 있다. 회사의 수익성이 좀 떨어진다 해도 어떤 사명감으로 장화의 생산을 멈출 수 없는 그들이야말로 더불어 살아가는 삶을 영위하는 이들일지 모른다. 허기는 첨단기기를 하루가 다르게 앞다투어 만드는 초스피드 시대에 장화 운운하고 있는 건 구식이며 맞지 않게도 여겨진다. 이곳도 분명 복고풍에 속한 어떤 마음일까. 돌아와지지 않는 것들에로 향한 그리움 같은 걸까.

우리가 많은 날들을 지내다 보니 어디 멀어진 것들이 한두 가지이랴. 그래도 그런대로 적응해 나가는 능력 또한 대단하다면 대단하다. 며칠 전 절에 다녀오며 잠깐 계곡 앞에 서 보았다. 절 가까이 이런 아름다운 계곡이 있어 그를 볼 수 있음을 늘 다행으로 여긴다. 비가 와서 계곡의 물은 불었고 그 흐르는 물소리는 모든 근심을 씻어 주듯 맑음을 선사한다. 어쩜 우리는 몇 곳의 계곡의 물 흐르는 소리를 가슴에 담아두며 기억하며 인생을 살아가고 있는 건 아닌지. 몇십 년이 흘러도 계곡의 물 흐르는 소리는 변함이 없다. 세상의 사연들을 아예 외면한 채 아니면 수용하듯 묵묵히 흘러내려 가는 그 흐름들. 그 광경 앞에 서면 엄숙해지고 많은 생각들에 머물게 된다.

그러나 올해엔 장마 폭우로 인해 계곡이 무서운 지대로 변할 수 있는 광경도 보게 되어 안타깝기 이를 데 없다. 아직 얼마간 장맛비는 더 내릴 것이고 더 이상 피해가 없었으면 하는 바람이다. 어쩌다 뒤안길에 서게 된 장화지만 신발가게 한 켠에 있는 예쁜 장화를 젊은 엄마들이 마냥 외면하지 않는 날이 올지 또 어찌 알랴. 장화가 전처럼 우리 곁에 자리하지 않는다 해도 생각만으로 곁에 있지 않나 싶다.

비 오는 날 거리에서 많은 사람들이 장화를 신고 오가는 모습들을 그려 보는 건 정말 나만의 상상일까. 아니면 영영 그런 날은 오지 않는 옛시대의 광경일 뿐일지.

(2006. 08.)

텅 빈 놀이터

친구로부터 그의 남편이 내게 글 쓸 제목을 하나 주고 싶다는 연락이 왔다. 반가운 마음이다. 사실 짧은 글이라지만 쓰려고 하면 제목 때문에 늘 고심해야 한다. 자칫하다 보면 아니 대개가 그렇듯 신변잡기의 글로 몰리기에 그 또한 마음이 쓰이지 않을 수 없다. 이런 따가운 여건 속에서 그래도 소수의 친지나마 좋은 말로 격려를 해 주기도 해 늘 고맙게 여기고 또 희망도 가진다.

친구 남편이 말한 그 제목은 '텅 빈 놀이터'이다. 이 제목을 받은 지도 어언 몇 개월. 더 이상 미루기도 뭣해 늦게나마 펜을 들어 본다. 비록 쓰진 않았지만 몇 달 동안 아파트 단지를 오가며 또 다른 동네의 놀이터도 유심히 보는 계기가 되었다.

사실 놀이터는 항상 텅 비어 있다. 오늘은 어떨까. 애들이 많이 왔을까 기대하며 살펴보기도 했으나 별다른 게 없다. 그네, 미끄럼틀, 시소, 철봉 갖출 건 다 갖추어져 있지만 놀고 있는 아이는 어쩌다 서너 명이 고작이다.

친구네가 사는 아파트도 그랬나 보다. 그 집은 손주와 함께 산다. 할아버지가 손주를 데리고 놀이터에 가서 얼마나 한산했으면 미미한 사람에게 글로써 좀 표현해 보길 권할 마음이 드셨을까.

허긴 이상한 현상인지 모른다. 놀이터는 어린이들이 왁자지껄 떠들고 뛰놀아야 제격일 텐데 어린이는 보이지 않고 한 번씩 엉뚱하게 비치기도 한다. 텔레비전 드라마에서 고뇌하는 젊은이들의 만남의 장소로 간혹 등장한다. "너네 동네 놀이터에 와 있다. 나올래?" 하면서. 그네에 앉아 조금씩 흔들거리며 그들의 대화를 나눈다.

어린 시절 마음껏 뛰놀아 보는 건 얼마나 즐거운 일인가. 그 기억들은 평생을 살아가는 힘의 원천이 되는 게 아닐까. 모든 여건이 좋지 않았던 옛날 어린이들은 산에서 들에서 냇가에서 동네에서 실컷 놀고 또 놀았다. 회상해 보면 저절로 미소가 떠오르는 아름다운 추억이 있기에 어려운 일도 잘 견디는 게 아닌지.

요즈음 애들은 어릴 때부터 갖가지 배움의 장소로 보내어진다. 꼬마들에게 필요한 과제가 어찌 그리도 많은지. 자그만 차에 실려 왔다 갔다 해야 한다. 꼭 그리 배워야만 하는 건지. 우리나라 출산율이 1점 초반대. 귀하기만 한 자식이기에 행여 남에게 뒤처질까 남들 따라 울며 겨자 먹기로 배움의 대열에 동참하게 된다. 그 비용도 만만찮아 갈수록 애 낳기를 망설이게 하는 원인이 되기도 한다. 서너 살부터 아니 두 살짜리 영어교재도 있다고 하던가.

영어를 가르치는 원어민 선생님들이 한국행 러시를 이룬다. 유치원에서부터 그들을 필요로 하니 말이다. 국제화 시대를 살아가는 어쩔 수 없는 모습이다. 자녀가 중학생이 되면 밤 12시나 되어야 집에 온다. 우리 어머니들의 교육열은 정말 대단하다. 그래도 아이들은 부모님 말 잘 듣고 묵묵히 자기 길을 가는 착한 아이들이다. 요즈음 애들이 어쩌고 말들을 하지만 일부분일 뿐 대개의 아이들은 시키는 대로 다 하지 않는가.

허긴 이런 아이들을 부모가 마냥 외면하진 않는다. 동리의 놀이터와는 차원이 다른 대형 놀이공원이 곳곳에 있어 그쪽으로 몰린다. 화려한 시설 대형 놀이기구 등이 있어 애들을 즐겁게 해 준다.

이런저런 이유도 있고 자의에서건 타의에서건 주거지 속에 있는 놀이터는 아이들이 외면해 보는 사람을 을씨년스럽게 한다. 그래도 21세기 첨단사회를 살아가는데 그 기초의 틀을 다지기 위해 우리 아이들이 노력한다고 보아야 하는지. 외국어, 예체능 학과목 어느 것 하나 내팽개치지 못하는 배움에의 생활이 어느 날 빛나는 장래를 맞이할 수도 있으리라 기대하는 젊은 부모들의 마음을 이해해야 할는지.

구세대의 시각에서 보면 놀이터엔 아이들이 떠들고 놀아야 한다. 끝도 없이 배우러 다니는 애들이 애처롭다. 텅 빈 놀이터를 보며 착잡한 점이 한두 가지가 아니다.

그래도 우리 아이들은 똑똑하다. 다 해내고 있다. 시대에 맞는 교육에 열중하느라 놀아 볼 시간도 없지만 그들에겐 희망이 있지 아니한가. 큰 놀이공원이 아닌 집 부근의 놀이터에 한때 그랬던 것처럼 애들이 북적북적할 날이 언젠가 올는지. 아니면 텅 빈 상태로 계속 놀이터가 존재할는지 그건 아무도 모를 일이다.

그저 현실을 이해하며 사는 게 상책일까. 텅 빈 놀이터의 어떤 '정의'도 내리지 못한 채 글의 말미에 왔나 보다. 제목을 주신 분의 의중에 미치지 못한 부분이 많을 것 같다. 시일도 충분했었는데…. 그래도 오가며 많은 생각들에 머물러 있었음엔 틀림이 없다. 글로서의 표현은 미미했으나 '텅 빈 놀이터'는 한동안 나의 화두이기도 했음을 밝혀 본다.

(2006. 11.)

봄비와 목련꽃

봄비! 그는 조용히, 조금씩 내려야 제격일 것 같다. 그러기에 만물이 소생함을 도와주는 역할을 소리 없이 수행하기에 더 적당하게 여겨진다.

봄비는 우리들 마음속을 다른 어느 계절에 내리는 비와는 비교가 되지 않게 마음을 설레게 한다. 젊은이들은 더 큰 사랑에 흠뻑 젖게 되고 많은 날들을 살아온 이들도 봄비는 결코 지나쳐 주지 않는다. 어쩜 지난날들의 봄비는 더 찬란했던 것 같아 가슴도 태운다. 오늘에의 위치는 왠지 자신감도 약해지고 서글픈 것도 같아 마음이 마냥 감상적이지만은 않다.

그래도 한편으로는 설령 오늘날 어떤 고뇌가 있다손 치더라도 그동안 쭈욱 함께하며 많은 것을 주기만 했던 봄비였기에 찬란함은 아니더라도 한 줄기 빛 같은 걸 느낄 수 있으리.

봄비, 그 비로 인해 혼자 가슴을 졸인 적도 자주 있었다. 동네의 집들 담 너머로 유달리 목련꽃을 많이 볼 수 있었던 동네! 목련꽃은 항상 다른 봄의 꽃들보다 먼저 봉오리를 틔우며 봄 맞을 준비를 한다. 그 봉오리들이 어느새 화알짝 탐스런 하이얀 꽃으로 피어나며 목련꽃은 절정을 이룬다.

목련꽃은 볕이 더 잘 드는 곳엔 빨리, 조금 그늘진 곳엔 약간 늦게 핀다. 그렇게 목련꽃이 피어나면 나도 모르게 속을 태우게 된다. 좀 더 길게 그 꽃이 피어 있기를 바라며…. 제발 촉촉한 봄비가 내리길, 행여 비바람으로 변하지 마소서. 그런데 봄비의 심술은 꼭 한 번씩 터지고 만다. 목련꽃은 허망하다면 허망하다. 어찌 그리도 나약한지. 단 한 번의 비바람을 만나도 그냥 떨어지고 만다. 목련꽃의 특성인가 보다. 그렇게 허무하게 저버리려고 그토록 마음을 사로잡게 했었는지.

허긴 꽃들은 대체로 약하기 마련이다. 똑똑 떨어진 색깔의 예쁜 꽃들도 질 때면 어이가 없다. 그래도 어느 정도의 견딜 힘은 있는데 목련은 꽃이 큰 편이어서 그런지 뒷심이 없다. 참, 그래도 급속히 지기 시작한 목련 나무엔 곧이어 둥글납작한 잎새들이 많이 돋아나 그나마 아쉬움을 달래긴 한다.

오죽하면 "목련꽃 그늘 아래서 베르테르의 편질 읽노라"라는 노랫말도 있지 않은가. 목련은 만인의 사랑을 받는 나무임엔 틀림이 없었나 보다.

집의 뜰엔 네 그루의 목련 나무가 있었다. 그 집에서 20여 년을 살았기에 목련꽃이 피고 지는 건 계절의 큰 행사이기도 했다. 봉오리에서, 핀 모습으로의 절정, 비바람으로 떨어진 모습에 이르기까지. 또 무성한 잎새들도. 봄비가 드문드문 내리기 시작하면 항상 속으로 바랜다. '비바람으로 거듭나지 마소서' 하며….

지난 많은 봄날들. 아이들 키우며 바쁜 생활 속에서도 그런 단순한 소망을 가지곤 했다. 지금은 저 아파트 밑에 봉오리 진 목련꽃이 보이건만 과연 그때처럼 가슴이 졸여질 것 같지가 않다.

철없던 시절은 어릴 때만 있는 게 아닌가 보다. 주부로 살았던 때도 지나고 보니 참 단순하고 또 안일하기도 했다. 뭘 모르고 지낸 시절이었나 보다. 한 나이라도 더 드니 보이는 것도 많고 왠 걱정들은 시도 때도 없다. 어떨 땐 지하철에서 아이를 데리고 있는 젊은 엄마가 칠칠치 못한 행동을 하기라도 하면 저 엄만 애를 제대로 키울까? 하는 염려도 된다.

연배들을 모임에서 만나면 반려자들에 대한 불만들을 많이 얘기한다. 나이 들어가며 속은 더 옹졸해져 간다고. 주의해야 할 점도 일러 주기 일쑤라고. 이런 말을 하는 우리는 그들에게 뭐 좋게 비칠는지. 모습은 변해도 너무 변했고 자칫 다 간섭하니 잔소리꾼일 수도 있을 것을.

그래도 우리 모두에게 자연은 골고루 혜택을 주고 있으니 얼마나 다행한 게 아닌지. 가슴 펴 볼 기회는 얼마든지 만들 수 있으리.

봄비 내리는 날 잊을 수 없는 지난날들을 떠올리며 촉촉이 가슴 적셔 볼 그런 시간들을 가질 수 있는 한 우리네 삶은 결코 무의미한 날들만은 아닐 게 아닌지.

나의 봄날도 예외는 아니리라. 그 동네에서처럼 많은 목련 꽃들을 볼 수 없다손 치더라도 그 시절의 마음으로 되돌아가 보고 싶다. 그리움을 함께 하며.

봄비여, 조용히 내리소서.

목련꽃을 한꺼번에 떨어지게 할 그 봄비는 저만치에서만 있게 해 주소서. 화사한 봄 내음을 다시 맡을 수 있으려나!

(2007. 03.)

결혼은 선택

언제부터인가 우리 주위에는 결혼은 꼭 해야 하는가 아니면 해도 그만 안 해도 그만이라는 생각을 가진 젊은이들이 늘어 가는 것 같다. 오죽하면 결혼이 필수가 아닌 선택이라는 시쳇말도 들리지 않든가. 평균 결혼 연령도 훌쩍 올라가 예전엔 30세쯤 되면 노(老) 자가 붙었는데 요즈음은 어림없다.

노년기에 접어든 부모가 미혼의 자식들을 데리고 사는 집이 제법 있다. 이런 현상에 이른 데는 물론 독신주의자도 없진 않겠지만 자신이 찾고자 하는 짝을 찾지 못해서이다. 중매에 의존해 선을 보다 보면 자꾸 날들이 흐르게 된다. 어쩌면 결혼은 멋모를 때 과감히 하는 걸까. 갈수록 조건이 까다로워진다. 선이 거듭되면 차라리 전에 봤던 사람이 더 나았던 것도 같고 아니면 또 더 괜찮은 사람이 있지 않을까 고민도 되고 이러다 보면 여러 해가 지나기도 한다.

우리나라 여성이 우주선을 타고 우주정거장을 다녀오는 이 첨단과학의 사회에서 결혼이 초스피드식으로 이루어지기는커녕 구태의 형태가 실지로 있으니 알다가도 모를 일이다. 사실 살아가는 일은 쉬운 일이 결코 아니다. 직업 문제는 가장 큰 이슈다. 전문직을 선호하지만 어렵고 평생직장은 보장되지 않고 개인 사업도 성공하기 쉽지 않고 자칫하면 실직자가 될 수 있으니 반려자 찾기는 꼼꼼하게 생각하지 않을 수 없다.

주거 등 경제적인 것, 학벌 성격 외모까지 거론되니 물 좋고 정자 좋은 곳이 어디에 있는가 하고 비유되기도 한다. 이렇게 결혼에 쉽게 도달하지 않게 되면 부모도 본인도 혼자 사는 방향으로 가닥이 잡힐 수도 있게 된다. 혼자 살아가는 능력도 있게 되면 구태어 결혼해야 할 필요가 있을까 하는 생각이 든다.

주위 여건은 독신자들이 편리하게 살게끔 점차 나아지고 있다. 자그마하고 쾌적하게 꾸며진 주거 공간, 음식도 양을 적게, 또 간편하게 만들어 파니 불편을 최소화할 수 있다. 자유스럽고 편하게 살 수 있다. 이래저래 독신자는 자의건 타의건 늘어나는 추세임엔 틀림없나 보다.

그래도 사람으로 태어나서 결혼이야말로 가장 큰 축복이 아닌가. 으레 해야 한다는 관념 속에 지내 오지 않았든지. 신성하고 아름다운 결혼 그로 인해 맺은 인연들의 소중함. 어찌 오늘날 화려한 싱글이니 이런 말들은 상상이나 할 수 있었을까. 장성한 자식들이 있으면 괜히 신경 쓰여 마음은 무겁다. 남들이 또 어디 그냥 내버려 두는가. 누구누구 왜 아직 장가 또는 시집 안 보내냐는 물음을 들을 때마다 주눅도 든다. 그러나 그도 한 때인지 시간이 더 흐르면 그 모두를 예사롭게 여기며 지낸다. 스스로 터득이 가능해진 셈일까.

금쪽같은 자식들을 늘 보며 돌보니 알뜰살뜰하고 재미있음도 느끼게 된다. 자식은 아무리 나이가 들어도 자식일 뿐이지 않은지. 독립해 나간 경우도 있지만.

"나이 꽉 찬 자식들 저거들 알아 할 일이지 부모 말 듣는가 어디", 이렇게 뒷짐 지고 무심히 지내다 보면 사십을 넘은 미혼 자녀들과 함께 있는 결과를 낳는다. 어찌 보면 부모에게도 책임이 있는지 모른다. 어쨌든 남들은 수월하게 결혼을 해 잘 살고 있는데 결혼도 하지 않은 채 나이만 들어가는 이들도 많다. 그 이유는 내면에 있었던가. 애초에 눈높이를 확 낮추지 못한 게 잘못이었을까. 우리나라 출산율은 세계 최저인 모양이다. 뭐 그리 자랑스러운 정상급이 아닐 수도 있다. 이런 마당에 결혼 안 하는 사람이 점차 늘어가는 건 바람직하지 않은 일일 수도 있다.

1990년 전후엔 대학입시에 대해 재수는 필수 삼수는 선택이라고도 했다. 그만큼 경쟁이 심했다는 얘기다. 이런 말들을 가차 없이 지어내는 이들도 있었으니 결혼은 선택이라는 말도 이와 비슷한 맥락에서였을까.

흔히 결혼은 해도 후회하고 안 해도 후회하기는 마찬가지니 하고 후회하는 게 낫다는 우스갯말도 있다. 어떤 뚜렷한 목적하에서 결혼을 접었다면 또 모르거니와 어영부영 선택 쪽의 기조에 서 있게 되었다면 한 번쯤 뒤돌아볼 만도 하다. 혹 대화가 부족하고 양보심이 없지 않았을까

를. 아무리 편하고 살기 좋은 세상일지언정 말이다. 결혼은 선택이라고 단정적으로 혹시 여기는 이들에게 한번 말해 보고프다.

"당신들의 선택에 남이 뭐라고 그럴 순 없는 일이지만 필수 쪽으로 돌려 봄이 어떨는지요. 허기야 처음부터 그렇진 않았겠지요. 많은 어려움도 있었겠지만 그래도 해야 한다고 향방을 정하고 노력해 보세요. 마음의 여유를 가지고 상대를 살펴보세요. 모든 건 마음으로부터 비롯되는 게 아니겠어요. 작은 행복을 꿈꾸어 보세요. 자녀에게로 향하는 그 고귀하고 따뜻하기만 한 그 사랑의 마음을 당신들은 영원히 포기하실래요? 그러면 안 되지 않겠어요? 혹 당신들 중 욕심장이 있으세요?"

(2008. 07.)

말빨

예전부터 말빨은 지독히 없다.

세살 버릇 여든까지 간다는 말이 있다. 학창 시절 약속을 지키지 않았던 사람은 경로우대를 받는 시기에도 별 달라지지 않는 경우도 흔히 있다. 항상 그만큼의 늦음, 일부러 그리하려 해도 어려울 것 같은데, 그래도 이유는 있다. 차가 많은 세상이라 "차가 막혔다고". 이는 통하지 않는 메뉴다. 막히는 만큼 알아서 오는 지혜는 아예 없는 것인지.

이런 약속의 말은 말빨과는 조금 다르긴 하다. 말빨이란 말이 있긴 있는 것인지, 빨이란 힘이란 말과 상통되는 걸까. 삼십 년을 넘게 모임을 함께 하는 A와 나는 얼마 전에도 전화하며 유쾌하게 웃었다. 둘이서 말해 본 모임의 장소가 또 바뀌어 버렸기에. 대체로 그랬다. 괜찮겠다 싶어 의논한 장소는 말빨 센 사람에 의해 강판되지만 이상한 건 어느 한 번도 기분 상한 적은 없었다는 것이다. 우리들 사이의 신뢰를 알 수 있는 점이기도 했었다고나 할까.

말빨, 이건 역시 말을 잘하는 데서 비롯되는지 모른다. 말! 그것도 한

둘이서 오순도순하는 것이 아닌 남 앞에서 발표 같은 것 말이다. 초등학교 아니 국민학교였었지. 그때부터 발표와는 거리가 멀다. 시키면 겨우겨우 말했지 스스로는 하지 않으니 발표는 더욱 줄어든다. 왜 그랬는지 첫딸이라 아버지 앞에 선 괜스레 어렵기만 한데 그게 원인도 되는 건지. 잘못한 건 조상 탓이라고들 말하기도 한다는데 이 무슨 망발을 하고 있나. 어쨌든 발표는 멀리한 채 살아왔고 그러다 보니 어디 가면 항상 자리를 지키는 존재다. 그래도 어디 가는데 잘 빠지진 않는다.

비록 말과 말빨은 없어도 으레 멤버에는 들 수 있어 다행이라 여기고 주위 사람들도 잘 보아주기도 하기에. 그런데 첫애가 중학교 들어가는 입학식 날 담임이 소개되고 그 교실까지 학부모들과 들어가게 되었다. 그 담임선생님은 아이들을 한 사람씩 나와 자기소개와 의견발표를 하게 했다. 아이가 국민학교 다닐 때 늘 학급 간부는 했다지만 마음이 조마조마했다. 어이쿠 망신이나 당하지 않을까 하는 조바심도 들었는데 그것은 기우였다고나 할까. 의외로 당당하게 자기소개 등 말을 잘했다. 휴~ 나를 닮지 않았구나.

닮음, 닮지 않음의 말을 하나만 더 해 본다. 나는 어릴 때 운동회라도 하면 달리기는 정말 못했다. 고학년 때는 달리다가 종이를 주워 계산을 한다든지 그럴 땐 등수에 들었는데 그냥 달리면 늘 뒤에서 1, 2등이었다. 한번은 꼴찌로 달리다가 본부석 앞에 다다랐을 때 팍 엎어지기도 했으니 엄마께 얼마나 실망을 주었던지. 아이는 첫 운동회 때 일등으로, 그것도 2등과 제법 차이가 있었다. 딸과 막내도 화술도 있는 등

발표를 잘하니 이제 그 점은 안심이다. 아이들이 엄마의 부족한 부분을 확 날려 주었으니 고맙기도 하다. 설령 말빨과는 관계가 없더라도 무난한 일이 아닌가.

TV에 나오는 사람들은 정말 말을 잘한다. 같은 강연을 해도 위트가 섞여 지루하지 않게 하고 패널로 나오는 사람도 어쩜 그리 사리도 밝고 언변들이 좋은지, 물론 그러기에 방송에까지 나오지 않았겠는지. 말의 힘, 그건 어찌 보면 대단한 것이다. 사람들을 압도하는 힘과 일맥상통하니 생존과 직결된 것이기도 하다. 정치인이라든지 사회를 리드하는 입장에 선 사람들의 말, 말빨은 그 리더의 생명력을 좌지우지할 게 아니겠는가. 말을 잘못해 죽을 쑬 수도 있으니 말이다.

그러고 보면 말빨은 말에다 강한 의지가 더해지는 설득력일 수도 있는 것인지. 어쨌든 말, 말빨은 개개인의 사소한 인연에서도, 더 높은 곳에 위치한 사람들과의 관계에서도 알게 모르게 남모르는 힘을 발휘하고 있지 않나 싶다. 하지만 아무리 말빨이 있다지만 따라 주는 사람이 없었다면 말빨에 무슨 힘이 실어지리.

뒤에 있으면 편한 점도 있고 말빨을 믿고 이해하면 말빨은 그야말로 친근한 단어가 되리라. 사람과 사람의 관계는 말과 또 말빨이 연계하며 살아가는 작은 광장이기도 하리라.

(2008.07.)

바보상자 친하기

바보상자라고도 하는 TV를 많이 시청하는 편이다. 허긴 누가 애초에 TV를 바보상자라 명명했을까. 그 이유는 있으리라. 구태여 여기 쓰지 않아도 나름대로 짐작할 수 있지 않을까.

뉴스를 필두로 내용이 그저 그래서 볼 게 없다는 드라마도, 연예인들이 나와 시시콜콜 영양가 없는 얘기들만 늘어놓는다는 토크쇼도 어느 프로도 이런저런 토를 달고 보면 볼 게 없다고 불만들이 많은데 내 생각은 이와는 조금 다르다.

드라마도 엄선(?)해 보면 현 세태가 잘 반영되어 있음을 알 수 있다. 작가가 세태를 이끌어 가는지 아니면 세태에 작가가 편승했는지 모르지만. 사람들은 왜 '아니다'를 전제로 하는지 모르겠다. 물론 언론 등 매스컴에 무조건 동화하는 건 아니지만 자신의 생각이 최고이니 남의 얘긴 들을 생각이 없기도 하다. 어느 작은 얘기 속에서 따뜻함이 있고 수긍이 되기도 하건만.

몇 달 전인가 사람들로부터 부쩍 신임을 받지 못했던 두 정치인이

TV에 나왔다. 정치를 하다 보면 욕먹는 일은 다반사다. 최고의 권력자도 정치인이기에 예외가 아니다. 누구나 이름 부르며 비난하는 일이 예사다. 자칫하면 뭇매를 맞는 정치인, 그날 대담프로에 나온 그 두 사람도 그런 위치였다. '누가 그들을 미워했나?' 이런 마음이 들게끔 그들은 진지한 모습이었다. 인간적인 인품이 몸에 배어 있었고 말도 조심스럽고 겸손하다. 왜 사람들은 잘 알지도 못하고 돌만 던지는가. 그런 마음만 들었다.

그런데 뜻밖의 장면이 한 번 더 펼쳐져 웃고 또 고뇌스러웠다. 역시 TV에서였다. 대담프로에 나왔던 한 사람이 다른 정치인과 섞여 있는 모습을 우연히 보게 되었다. 역시 정치인으로서의 모습과 부드럽고 선량한 모습은 달랐다. 굳어 있는 그의 모습, 얼굴, 호감을 받지 못하는 걸 알고 있어서였을까.

요새 두어 방송국 때문에 계속 왈가왈부 시끄럽다. 자세한 내용은 일일이 모르지만 모임에 나가도 방송국 얘기가 나오기도 하니 문제가 없지는 않은 모양인지. 그래도 방송매체가 우리에게 많은 기여를 하지 않는지.

아침에 일어나면 먼저 접하는 게 매스컴이다. 신문, 방송 하루도 우리 곁을 떠나지 않는 영원한 친구다. 그러기에 자칫 아이들이라든지 무분별하게 그에 시간을 뺏기다 보면 득보다 실이 많다고도 한다. 맞는 말이기도 하다.

어쩌다 보니 한 세상이 후딱 지나가 버리고 거짓말 같기만 한 나이가 되고 보니 어느새 이 상자와 친히 지내는 자신을 보게 된다. 사실 인생 후반의 시간들을 잘 영위한다는 건 쉬운 일이 아니다. 비슷한 연배들의 동정을 살펴보면 취미 생활을 많이 하고 있다. 건강을 위해 수영 등 운동을, 여가 시간을 위한 노래교실도 부쩍 늘어났다. 기타 배울 수 있는 것도 많다. 친구들 만나 젊은 사람 못지않은 수다 떨기, 여행도 제법 많은 부분을 차지한다. 그 정도의 차이가 있긴 하지만… 봉사 활동, 배품의 생활 등의 말들도 하지만 종교단체 등 어느 곳에 속해 있지 않으면 그도 어렵다. 이래저래 자신의 시간은 스스로 만들어 살아갈 뿐이다. 보람 있는 일이 설령 아니더라도 말이다.

정녕 나는 바보상자 속에 빠져 버렸는가? 약간의 면면을 한번 적어 본다. 퀴즈 프로, 퀴즈라면 고등학생 골든벨까지 다 챙기니 상식은 제법 많아져 맞추는 문제도 많다. 가족에게 큰소리도 한 번씩 쳐 본다. 이 나이에 이렇게 맞추는 게 어디냐고 하며. 우리말 겨루기는 또 어떤가. 우리말이 그렇게 다양하다는 게 신기하다. 처음 듣는 말도 많기만 하고 글자 끼워 맞추기도 함께 해 보면 재미있다. 동물의 세계는 사자, 호랑이 등 그 얼굴만 자세히 보아도 볼만하지 않던가. 세계의 명소 탐방은 여행 가지 않은 사람도 눈을 풍요롭게 해 준다. 좋은 프로는 얼마든지 있다.

스포츠는 활력이며 좋아하는 경기가 있는 날이면 낮부터 분주하다. 얼른 반찬이랑 다 해 놓고 시청하기 위해서다. 한 여름날 나른해지기 일쑤인데 일거리도 찾아서 하니 이 무슨 조화인가. 그러고 보면 관심

있는 게 왜 이리도 많았는지. 한편 잘 쓰거나 못 쓰거나 그래도 글을 쓰고 있는 사람으로서 너무 많은 시간을 허비하지 않았나 하는 생각이 든다. 시간 시간의 뉴스, 드라마, 강연, 토크쇼 등을 더하면 너무 지나친 일이기도 하다. 어린이나 청소년, 노년 우리 모든 사람에게 자신을 위한 어떤 노력의 시간들을 뺏어가는, 그래서 바보상자였는가. 비록 바보상자 속에서 삶의 일부분을 느끼고 얻을 수 있는 게 있었다면 결코 바보상자가 될 수 없다고 늘 여겼었는데.

모든 일에 자제가 있듯이 이 부분에도 그것이 필요한지 모르겠다. 아무리 많이 시청해도 누가 뭐라고 말할 사람은 없다. 오직 자신의 몫이다. 작은 일이건 큰일이건 스스로 지켜야 하나 보다. 바보상자와 조금은 멀어져 보자. 당분간은 허전하겠지만 말이다.

(2008.08.)

부산갈매기

부산갈매기~ 부산갈매기~ 야구를 즐기는 또는 즐기지 않는 사람이라도 부산갈매기 함성을 모르는 사람이 요즘 드물 것이다. 야구장을 가득 메운 팬들이 신문지를 흔들며 부산갈매기 노래를 합창하는 모습은 방송에서 자주 접할 수 있기 때문이다.

어찌 저리도 열성일까 아니면 극성일까. 혹자는 그리 여길 수도 있으리라. 그러나 그 갈매기들은 그냥 함부로 불러버릴 갈매기들이 아니다. 그 심오함을 어찌 아랴!

올여름 베이징올림픽에서 야구가 금메달을 따는 과정이 한 게임 한 게임 숨 막히는 승부 속에 전승을 한 것도 그 밑바탕에 부산갈매기들의 야구사랑은 숨은 공도 어느 한 부분을 차지했을 것 같다. 비록 부산갈매기의 대열에 포함되었는지 모르지만 나 또한 쿠바와의 마지막 극적인 우승을 한 직후 동생으로부터 축하 전화까지 받았으니 말이다. 젊은 사람들이 모여 무조건 응원하는 것이 아닌 훨씬 차원이 높은 개개인들의 마음이 묻어 있지 않은가 싶다.

'스포츠와 함께', '꼴찌 롯데', '꿈터', '스포츠와 인생' 등 부족한 수필이나마 야구를 다룬 나의 글들의 제목이다. 거기에 또 하나 보태어 지금 쓰고 있으니 누가 말리나.

야구장까지는 끝에서 끝으로 거리가 멀어 주로 TV로 시청을 많이 하다 보니 관중들이 개개인 들고 있는 팻말의 말들이 다양해 그 또한 즐겨 읽는다.

'대호야 결혼하자', '강민호 때문에 남자친구 헤어졌다'도 재미있지만, '가을에 야구 하자'는 것은 야구 시즌이 시작할 때부터 구호였는데 어젠 어떤 상인이 팔 것을 끌고 가면서 '가을에 장사 좀 하자'란 글에 이르렀다. 여러 번 생각해도 우습고 여러 날이 지나도 웃음이 난다.

살아가면서 이런 위트 멘트가 그리 흔한가. 그야말로 알게 모르게 쌓인 스트레스가 날아가는 마음이다. 이런 웃음을 종종 웃을 수 있으면 얼마나 좋으리. 8년 동안 4강에 들지 못한 아쉬움과 바람이 묻어 있다. 허긴 부산이 야구로 인해 경제의 상승효과가 대단하다고 하지 않던가.

올핸 정녕 부산갈매기를 열창하는 사람들의 순박한 소원이 이루어지려는가. 한 가지 이상한 것은 야구 시즌 그토록 많은 사람들이 부산갈매기를 열창하건만 정말 그 노래를 부른 원로 가수의 노래로는 한 번도 접할 수 없었다는 거다. 그는 어디서 감격스런 마음으로 자신의 노래를 듣고 있을까. 흐뭇해하고 있을까. 그도 진심으로 이 노래를 부르는 사람들의 마음에 동조하고 있을까.

(2008. 09.)

F6번

영화관에서 첫 상영시간이 오전 11시 10분인데 7분 전에 들어가니 우리가 첫 입장이다. 텅텅 빈 좌석들, 이러다가 둘이서 보아야만 되는 게 아닌가 하는 황당한 마음조차 드는데 시간이 임박해서 몇 사람이 들어와 마음이 놓였다. 열 명이나 될는지.

불황, 불황이라지만 영화관까지 이러한지 신문 같은 데서 보니 우리나라 영화가 제대로 이익을 내기가 어렵다고 한다. 좋은 작품을 만들려고 열심히 노력했건만 극소수의 작품을 제외하고는 적자만 보고 있다니 그에 종사하는 사람들은 또 얼마나 힘이 들까.

어쨌든 좌석은 비어 있으나 그래도 F11번, 12번을 찾아 한쪽에 앉았다. 잠시 후 어느 청년이 한 번 와서 우리를 보고 가더니 조금 있다가 다시 온다. 자신의 자리가 F6번이라면서. 어두컴컴한데다 눈까지 침침하니 F11은 저쪽 끝인데 우리가 다른 자리에 앉았던 모양이다. 아이쿠 하는 마음으로 부랴부랴 일어설 수밖에.

혼자 온 그 청년. 영화는 이미 예고편이 시작되었고 골라잡아 앉을 수 있는 그 많은 자리가 펼쳐져 있건만 꼭 영화 티켓에 찍힌 그 자리에 앉아야만 하는 청년. 그 청년을 보니 자꾸 웃음이 난다. 좋게 말해 보자면 그는 틀림이 없는 정확한 성격의 소유자일는지 아니면 반대로 답답한 사람일까. 요령 같은 건 아예 모르는 그런 이일까. 허긴 우리도 꾸역꾸역 번호를 찾아오긴 했다. 비록 잘못 찾긴 했지만 다른 사람이 앉아 있었다면 감히 일어나라는 말을 못 했을 것 같다. 그러고 보면 그는 어느 곳을 가더라도 자신의 것을 챙길 줄 아는 용기 있는 청년이라 말할 수 있을 것 같다.

그는 혹 대학생일까 아니면 실직자 또는 취업준비생일까. 아침 일찍 혼자 영화관을 찾는 어떤 사연이 있는 것인지. 단순히 무료한 시간을 보내고자 또 영화를 좋아해서 온 것일까. 영화관의 첫 상영은 원래 사람들이 뜸한 시간이다. 그러기에 예전에도 오늘에도 조조할인을 한다.

먼 옛날 조조할인을 즐겨 이용해 영화를 본 적도 많았다. 그땐 정말 좋은 영화와 명배우들이 많았다. 가슴 울리는 그 감동스런 마음들은 세월이 흘렀어도 은은한 향수로 남아 있다. 그 시절 그 멋지고 아름답던 배우들, 혹 타계했다는 소식도 있고 또 그 모습들을 보면 너무나 많이 변해 버린 데 대해 세월의 허무함을 느끼게 된다. 천년만년 그대로일 것 같은 그들도 비켜 갈 수는 없구나. 그 많은 날들의 흐름 앞에서는.

참으로 영화는 많이 발전하고 또 변했다. 아름답고 감명 깊은 줄거리만으로 존재하지 않고 다양한 촬영기법뿐 아니라 대작들이 선보인 지 오래다. 특히 인간 대 인간만이 아닌 우주만물 천체를 겨냥한 스팩

타클, 동물들의 형상화 기법 등 어떻게 촬영했을까 하는 감탄을 절로 자아내게 한다. 처음엔 구세대들에게 이런 영화들이 이상했지만 언젠가부터 여러 번 보다 보면 익숙해진다. 한 참 때를 바쁘게 살았던 사람들도 한숨 돌릴 나이가 되면 영화와 가까워짐이 좋을 것처럼 어겨진다. 우리 자녀들, 젊은이들이 보는 영화를 이해하게 되어 시대의 흐름에 동참함도 나쁘지 않을게 아닌가. 과거의 영화, 오늘의 영화를 비교해 봄도 쏠쏠한 재미일 수도 있다. 여가를 찾음에 영화 관람도 한몫할 수 있다면 저리도 영화관이 텅 비진 않겠지. 굳이 몇백만 명이 보았다는 대박 영화가 아니면 어떠리. 나름 좋아하는 배우가 있다면 밀어주는 마음으로 갈 수도 있지 않을는지.

영화는 젊은이들만이 선호하는 건 결코 아니다. 머리 희끗희끗한 사람도 영화 관람은 필요하다고 생각한다. 가장 최근에 본 〈적벽대전2〉는 삼국지의 인물들이 그 시대의 의상을 입고 정말 처절한 전쟁을 했다. 앉아 있는 의자가 쿵쿵 울릴 정도로. 그 긴 창들, 많은 화살들, 각종 전투 장비들, 의상들은 누가 다 만들었을까. 분명 현시대의 사람들이 아니겠는지. 오늘을 살며 또 과거를 재현하는 데 힘을 쏟는 그들이 문득 궁금해진다. 그뿐 아니라 시대를 거슬러 올라간 위대한 문학작품 속에 마음껏 빠져 보는 것도 영화의 묘미일 것이다.

중심가 백화점 복합상영관 같은데 사람들이 북적북적 몰리는 경우도 있긴 있다. 그래도 그건 전체 영화관의 흐름과는 거리가 멀다. 가끔 찾는 영화관은 관람객이 정말 적으니 말이다. 오죽하면 때론 몇 명이나

들어왔는지 세어 본 적도 있었다. 허긴 우리가 간 시간대는 오전이나 낮이어서 그런지 모른다. 아무래도 밤은 다르리라. 직장인 등 일을 마친 사람들이 올 테니까. 어쨌든 한적한 영화관에서 꼭 제자리에 앉아야만 하는 선량(?)한 F6번 청년을 만날 수 있었던 건 즐거운 일이 아니었을까.

(2009. 02.)

노파

　예사로 우리가 쓰는 많은 단어 중엔 듣기 좋은 말 싫은 말이 있다. 노파는 그 단어 자체는 나쁜 뜻이 전혀 없는데도 그 단어를 대하다 보면 괜시리 싫어진다. 언젠가부터 그러하다. 왜 꼭 그 말로 표현해야 하는지. 이 단어를 한참 보지 않게 되고 잊을 만하면 꼭 활자로 읽게 된다. 이상하게도 일정한 주기가 있다고나 할까.

　노파. 우아하고 점잖고 품위 있게 늙은 여인에겐 분명 맞지 않는 말이다. 그 반대다. 초라하게 찌든 모습이 그려진다.

　자신의 노모, 다른 사람이 그렇게 지칭한다면 얼마나 듣기 싫고 서글퍼질는지. 나이 든 것도 그러한데 노파라는 소리 듣게 되면 왠지 억울한 마음이 될 것 같다.

　누가 그랬던가. 요즈음은 모든 환경과 여건이 좋아져 현 나이에서 5년에서 10년을 빼야 옛날의 균형이 이루어진다고. 그렇다면 훨씬 많은 나이가 해당할는지. 어쨌든 남을 향해 무심히 쓰는 말도 자신과 가까운 사람과 연결이 되면 달리 들리게 됨도 사실이다.

싫은 단어 좋은 단어는 쓰임새에 따라 만들어져 있음엔 틀림이 없고 가끔 보이는 건 당연지사일 텐데 그 말을 보게 되면 꼭 그리 표현해야만 하는가 원망스럽기도 하다.

이런 생각을 하다 보니 3, 4년 사이에 두어 번 그에 대해 글을 쓰고파지고 어떻게 써야 하나 고뇌해 보기도 했다. 그런데 근간에 또 글자를 보게 되어 드디어 펜을 든다. 약간의 충격 속에서. … 그는 70세 노파였다.

그렇다면? 부모님의 연세로서만 생각해 온 숫자가 어떤 사람들 시각 속 범주에 다다랐으니…. 자칫 소홀하고 초라한 차림새에 휘적휘적 거리를 걷는 우리네 할머니들껜 미안하지 아니한지. 나의 할머니 남의 할머니를 구태여 노파라 부를 순 없지 않을까. 노파란 단어도 엄연히 빛(?)을 발할 만한 일도 있을 것을.

겉이 아무리 형편없이 변했다 해도 살아온 경력을 감안한다면 아무데서나 들을 말은 결코 아니다. 열심히 고생하고 애쓰며 살아온 그 긴 날들이 허공에 날린듯하고 아깝기도 할 것을. 겉으로 사람을 평가하는 듯한 무심코 쓸 수 있는 우리말이지만 아쉬움이 가득한 면도 있다. 앞으로도 어떤 신문에서, 책에서 또 이 글자를 발견하게 될까. 아니면 예사로 쓰는 하나의 단어에 여러 가지 의미를 더해 보는 자신의 마음에 엉뚱함이 있는지도 모른다.

옛날 학창 시절 남학생들로부터 강 양, 미스 강처럼 꼭 회사 같은 데서 쓰는 호칭을 들었다. 요즈음은 어찌 부르는지 궁금하다. 새댁, 아주머니를 거쳐 '할' 자가 붙게 되었을 땐 정말 싫었다.

친구들 모임에서다. 고깃집에 갔는데 종업원이 할머니 어쩌고 하니 모두들 성이 났다. 그 집 사람들 참 눈치도 없다. 달리 호칭해 주었으면 자주 왔을지도 모르는데 기분이 나빴으니 어디 또 오고 싶으리. 외출 시 그래도 화장하고 꾸미고 나갔는데 할머니 소리라도 듣게 되면 '아이 쿠! 현주소가 여기구나' 하며 실망한다. 영원한 게 있다면 '할' 자 붙은 글자는 처음 들었을 때나 몇 년 뒤에 들었을 때나 싫은 강도는 비슷하다는 거다. 더 많은 날들이 또 지나도 결코 유쾌하지는 않을 것이 아니겠는가. 세월이 무엇인지 지난 어느 시절 싫기도 했던 아주머니도 이젠 다정하게 여겨지게끔 되었다.

되도록 듣기 좋은 말 한다고 한번은 재래시장에서 바닥에 앉아 채소를 파는 제법 연세 많으신 할머니를 "아주머니, 이것 주세요." 했더니 눈을 똥그랗게 뜨고 보고 또 본다. 심했구나? 싶기도 했지만.

말로 인한 유쾌함, 불쾌감은 오랜만에 만나는 사람에게도 흔히 있다. 예사로 뱉는 말에서 우리의 감정도 움직이니 신기하지 않은지.

그런 데 비하면 노파는 직접 부르게 되는 말은 아니기에 그나마 다행이다. 실제 쳐다보고 그리 지칭된다면 기절할 것 같지 않겠는가. 오직 지면에서 읽게 된다. 신문에 책에 글을 쓰는 이들도 자신의 부모를 생각하면 쉽게 튀어 쓰진 않을 것 같다. 좋은 단어를 골라 쓰고 꺼림칙함이 있으면 비슷한 다른 말로 교체하는 등의 깊은 마음 씀씀이 있으면 좋을 것 같다.

어쨌든 듣기 좋은 말, 싫은 말의 범주는 아니지만 결코 자주 읽히지 않았으면 싶으니 이는 나만의 편견인지도 모른다. 끝으로 한번 해 보는 말은 몇 년 동안 그 글자를 볼 때마다 무언가 많이 느끼기도 했는데 이렇게 쓰고만 자신이 스스로 부족하기만 해 아쉬움만 가득할 뿐이다. 아니면 오래오래 하나의 화두로 계속 가슴에 남겨질 수도 있을 것 같다.

(2009. 08.)

야구 계절은 끝나 가고

야구에 대한 글은 두 번이나 썼는데 또 펜을 들게 되니 야구에 대한 애정은 어느 누구에게도 지지 않나 보다. 이곳 사람들의 야구 사랑을 누가 탓할 수 있을까. 이런 원로 팬(?)도 아직 건재해 있으니 말이다. 어언 6개월 남짓의 대장정도 마지막 1, 2위 팀, 포스트시즌 진출 팀이 가려지지 않은 채 이곳 사람들은 아직도 한 줄기 희망의 끈을 놓지 않고 있는 상태이다. 지난 화요일인가 더 하위 팀에게 패했을 때 많은 사람들이 실망을 하고 단념까지 하는 글이 홈피에 오르기도 했다.

…가을 야구 못한 것이 어제 오늘의 일이 아니라 해도 언저리에도 오르지 못한 암흑기보다 더 슬픈 건 희망이 더 컸기 때문이리라…

88885773 새천년에 들어선 숫자. 열혈 팬이라면 잘 알고 있다. 아홉 번째 어떤 숫자가 자리매김될까.

이렇게 글을 쓰는 동기랄까. 이 고장의 야구 열기는 전국 최고로 뜨겁지만 이에 대한 다른 사람의 글은 읽어 본 기억이 거의 없다는 것이다. 아무튼 몇 개월 동안 열심히 야구 경기를 시청하며 마음을 다했다.

텔레비전으로, 라디오 청취로. 해설자와 캐스터의 목소리도 귀에 익었는데 이 시점에 다다르니 괜시리 서운해지려 한다.

때로는 너무 시간을 많이 허비하지 않는가 하며 반성해 본 적도 있다. 한번 시작했다 하면 서너 시간도 예사로 걸리니 엄청난 시간의 소요다. 그로 인해 펜조차 들기 힘들었다. 예를 들어 동인지 원고를 얼른 쓰지 못하게 된 원인에 일조하기도 했다.

그래도 이 일을 멈추지 못하고 있다. 어떤 이유가 내면에 있을까? 야구 경기 좋아하는 기본 마음에 세월의 흐름, 허무함까지 곁들여진 걸까. 금년엔 운동장에는 세 번 갔다. 한번은 마침 관중이 만원이었고 홈팀이 승리해 그리 기쁠 수가 없었다. 젊은 사람, 노인, 어린이도 함께 마음을 다할 수 있는 곳이 어디에 또 있을까. 단합의 힘! 사소한 근심 걱정 미루어 두고 한 가지 일에 몰두하고 열광하는 광경은 장관이라고도 할 수 있다. 물론 패할 때도 많다. 그래도 사람들은 잘 다스릴 줄 안다. 스포츠 승패로 인해 화를 내는 일들도 간간이 있지만 이제 드문 일이다. 즐거운 나들이, 소풍처럼 그렇게 어울릴 줄 안다.

친한 친구 B는 도저히 이해하지 못한다. 도대체 뭐 그리 재미가 있느냐는 거다. 집안 행사에서 오랜만에 만난 집안의 아저씨는 야구 얘길 듣고 네가? 하면서 의아해하기도 했다. 왜 그렇게 여겨지는지. 아무러면 어떠리. 그 사람이 좋아하는 일은 오직 그 사람의 몫이거늘. 그러기에 다른 사람의 어떤 취미 생활도 모두 이해가 된다. 야구로 인해서다. 선수들 감독 코치의 기쁨, 아픔도 가슴에 와닿는다.

이런 야구사랑은 하루아침에 온 일은 아니다. 길고 긴 세월의 뒷받침이 있다. 초등학교 시절 집(관사) 옆에 작은 야구장이 있었다. 6·25 사변 다음 해였는데도 간간이 시합이 있어 층층의 계단으로 된 관중석에 앉아 있었던 게 그 시초다. 요즈음 야구장에는 가족들이 많이 온다. 어린이들 손을 잡고 먹을거리도 챙겨온 풍경들을 보면 저 꼬마도 언젠가는 야구팬이 되어 있지 않을까 싶어진다. 스포츠를 좋아하다 보면 저절로 마음도 선해질 것 같아 미소도 지어 본다.

야구를 중계방송으로 보다 보면 정말 웃어 볼 때가 더러 있다. 관중들이 들고 있는 팻말 때문이다. 작년엔 가을 야구에 목마른 갖가지 내용의 팻말이 많았다. "가을에 야구하자"는 예사로 보았지만 "가을에 장사 좀 하자" 그 기발한 팻말은 꼭 한번 볼 수 있었다. 다른 사람은 어땠는지 모르겠지만 그것 때문에 종일 웃어야 했다면 이상한 일이었을까. 생각할수록 그 내용의 깊이가 느껴져 웃지 않을 수 없었다.

얼마 있지 않으면 우승, 준우승팀이 가려지고 야구의 계절은 또 다음을 기약할 것이다. 하지만 그들은 편히 쉴 수가 있으리. 어느 분야에서 그렇듯 오직 실력만이 승부처가 아닌가 수많은 관중들을 만나려면 또 갈고 닦으며 자신과의 싸움을 멈출 수가 없으리.

한편으로 생각해 보면 스포츠로 인해 많은 활력을 얻었음이 얼마나 감사한 일인지 모르겠다. 이 평상심을 일상 속에서도 유지하면 좋은 시간을 보낼 수 있지 않을까 싶다. 이곳 사람들의 야구 사랑하는 그 마음은 순수 그 자체이리라. 남은 경기에 어떤 결과가 나오더라도 또 좋은 모습으로 돌아올 그들이기에 아낌없는 성원을 보내 줄 수 있으리라 믿고 싶다.

야구 계절은 끝나가고 어찌 되었든 한동안 아쉬움은 남아 있으리라….

(2009.09.)

와플 아주머니

올여름 유난히 장마가 길었다.

그러기에 푹푹 찌는 여름 날씨가 그리 많지는 않았었는데 어느새 9월에 들어서고 날씨는 선선해졌다. 9월이 되면 그 옛날 〈9월이 오면〉이란 영화가 떠오른다. 또 그 유명한 주제곡도….

저녁 무렵 걷다가 재래시장을 지날 무렵 와플 파는 아주머니가 오늘은 혼자 앉아 뜨개질을 하고 있다. 아! 그새 겨울 준비를 하는구나, 늘 바쁜 사람이었는데. 그 아주머닌 애초엔 길모퉁이에서 붕어빵을 팔았다. 붕어빵은 반죽이 부드럽게 익혀져 있고 속의 팥도 알맞아 맛이 있는 편이어서 잘 팔렸다. 그렇게 장사를 잘하더니 언젠가부터 작은 공간을 만들어 의자도 몇 개 갖다 놓는 틈새 가게의 모양을 갖추게 되었다. 겨울엔 붕어빵, 여름엔 와플, 팥빙수 등 메뉴가 서너 개에 이른다.

겨울에 붕어빵 사려면 차례를 기다려야 한다. 때로는 열 몇 사람이 줄을 서 있다. 사고 싶어도 기다리기 뭣해 그냥 지나친다. 붕어빵은 따끈따끈 할 때 한 개 먹으면 제격이다. 식으면 맛도 떨어진다. 부근의 다른 붕어빵 장사는 한산한데 이 집은 북적인다. 여름 팥빙수도 마찬가지다. 제대로 된 가게보다 값이 싸니 잠깐 앉아 더위를 식힌다. 앉아서 먹든지 포장해서 가져도 간다. 와플은 애들이 좋아한다. 가운데에 생크림까지 푹 들어 있으니 더더욱. 시장 나온 아주머니들, 학생들 등 단골이 많다. 깨끗하게 차린 아주머니는 혼자서 바삐 움직인다. 어떤 때는 회사원 같아 보이는 남편이 곁에서 거들어 줄 때도 있다.

늘 그는 웃음을 잃지 않고 표정이 밝다. 맛있는 먹거리가 널려 있는데 어쩜 별 볼 일 없는 먹을거리로 그 나름대로의 호황이 이어지는 것 같아 보기가 좋다. 자주 그 앞을 지나다니니 저절로 눈이 가는 집이다. '여전히 바쁘네. 저렇게 잘 되면 어느 날에는 자꾸자꾸 발전해 제대로 된 가게를 가지겠지. 아직 젊으니….' 하는 마음도 먹어 본다. 한번은 들렀더니 봉지에 담아 주며 "늘 고우시네요"라고 한다. 인사의 말까지 하는 아주머니다.

우리네 인간관계, 가족이거나 친지, 이웃 간에 이해심이 부족해 생기는 작은 갈등 등이 수두룩하다. 마음을 넓게 가지면 아무것도 아닌 일 일 텐데도 말이다. 이런 면에선 와플 아주머니는 주변 사람들과 잘 지낼 것 같아 보인다. 허긴 처음 길모퉁이에서 장사를 시작하고자 했을 때의 마음은 착잡하기도 했을 것이다. 말 그대로 밑바닥에서부터의 시작이었을 수도 있으니 어쩜 큰 용기가 필요했을지도 모르겠다.

어쨌든 어려운 선택의 결과가 좋은 쪽으로 방향을 잡았으니 다행이라 생각하며 희망을 가질 것이다. 그렇게 되기까진 예사로 보여도 남모르는 노력이 있었으리라. 맛 내는 데도 심혈을 기울였을 것이고 장시간 서 있으면서 피곤해도 늘 웃지 않던가. 그만의 노하우는 분명 있었으리. 텔레비전 어느 유명 인사의 강연에서 어떤 일이든 자신이 하는 일에서 최고가 되라고 하는 말이 생각난다. 훌륭한 일, 성공된 삶을 영위하는 등의 최고는 말할 것도 없으려니와 남들이 보기에 작고 보잘것없는 일에서도 얼마든지 최고가 될 수 있다는 뜻일 것이다.

지난 시절에 지독히 고생하던 사람들이 성공한 예는 얼마든지 있다. 또 고생 모르고 자란 사람이 철없는 일들을 많이 저지르기도 했다. 요즈음은 많이 달라졌다. 그럭저럭 살아지는 세상이 아니다. 더 노력하고 노력하지 않으면 뒤처지고 만다.

은근슬쩍 넘어가는 일은 어디서나 행할 수 없다. 어쩜 밝은 사회, 맑은 세태가 다가오려는지. 아니면 살벌함이 더욱 박차를 가하려는지 알 수가 없다. 하나 분명한 일은 항상 무언가 나름 생각하며 노력하는 일이 최선일 것 같기도 하다.

남 먼저 계절을 느껴서일까. 잠깐의 한가한 순간도 그냥 놓치지 않고 뜨개질까지 하는 아주머니의 모습은 아름다워 보이고 탄탄한 앞날이 기필코 있지 않을까. 이제 가을이 깊어 가면 이 작은 틈새 가게는 여름 장사를 서서히 접고 붕어빵 장사를 준비하느라 분주할 테지. 올겨울도 열 몇 사람이 항상 줄 서서 기다리고 있는 그런 모습들을 볼 수 있을까. 그건 우리 주위의 작고 따뜻한 삶의 현장이기도 하니 말이다.

(2009. 09.)

이유는 있다

한 재래시장 한 생선가게엔 언제나 손님이 북적인다. 생선가게가 쭈
~욱 있는데 제일 끝 쪽인 그 집엔 별로 말도 없고 표정도 무덤덤하지만
편안하게 보이는 아주머니가 있다. 이 집엔 시장 부근에 사는 사람뿐
아니라 멀리서 차를 타고 일부러 오는 이들이 많다.

부산의 생선이라면 자갈치 시장을 필두로 부평동, 서면 쪽, 광안리,
동래 구포 등의 재래시장이 명맥을 이어가고 있고 요즈음은 대형할인
마트, 백화점 등에도 싱싱한 생선이 구비되어 있으나 그래도 재래시장
을 둘러보는 게 익숙해져 있다.

이 집은 많이 파는 것 같으니 어쩜 부자가 되었을지도 모른다. 보통
한, 두 마리가 아닌 한 무더기씩 팔고 있다. 명절이라도 되면 멀리 사는
자식들 집에 보낼량으로 더욱 북적인다. 위 지방의 생선이 어디 이곳만
하겠는가. 가격도 차이가 난다. 꼬들꼬들 말린 생선을 잘 싸서 아이스
박스에 넣어 가져가 냉동시켜 놓고 먹을 때마다 꺼내 먹으면 된다.

오늘따라 한 시간쯤 걸려 가는 그 집에 가니 마침 늘 사는 생선이 다

팔렸다고 옆집에서 사라고 한다. 그 집 아주머니도 얼굴은 아는 사람이다. 절여서 비닐봉투에 싸 준 걸 들고 버스를 타고 오는데 한참 오니 기사 아저씨가 말한다. 생선 냄새가 나고 아래쪽에 물이 흘러 있다고…. 아차, 본의 아니게 이런 실수를. 그래도 그 기사분의 얼굴엔 성기는 없어 보인다. 나무라서가 아니고 지적해 주는 듯했다. 벌컥 화를 냈을 만도 한데 말이다. 부랴부랴 봉투를 뒤져 휴지를 꺼내 닦았다.

"미안합니다. 다음엔 조심할게요."

"괜찮습니다."

웃는 얼굴에 침 못 뱉는다고 했던가. 비록 실수는 저질렀어도 마무리는 그런대로 잘 된 것 같은 마음이 들었다. 비로소 단골 가게 아주머니의 생선 포장을 한번 되짚어 본다. 비늘을 치고 내장을 꺼낸 뒤 깨끗하게 씻어 커다란 광주리에 건져서 소금을 알맞게 절인다. 절인 생선을 비닐봉투에 일단 넣는다. 그리곤 다시 여러 장의 신문지로 잘 싸서 봉지에 넣어 준다. 어떤 차를 탔어도 어디 한번 물이 흐른다든지 냄새가 난 적이 없었다. 그리고 보니 신문지 차이 그것이었던가. 그 작은 하나의 마음 씀씀이 불씨가 되어 그 집에 그리도 단골이 많았었는지. 하나를 보면 열을 안다고 매사에 성의를 가지고 있었나 보다. 물론 가격도 손님이 많다고 다른 집보다 더 받지는 않았을 게다.

요즘 사람들은 어떤 무엇을 살 때 워낙 물건도, 파는 곳도 많으니 예사로 사는 것 같으면서도 여기저기 잘 비교하고 고르는 알뜰한 사람들이지 않은가. 사람들이 많이 온다는 건 모든 부분이 가미되었음에 틀림이 없다.

꼭 같은 업종이더라도 장사가 더 잘되는 집은 어느 가게이거나 그 이유는 분명히 있을 것 같다. 다른 집은 한산해도 늘 기다리는 사람이 있어 이웃 가게의 부러움도 샀을 법한 그 생선가게. 아주머닌 살뜰하게 대하지 않아도 웃는 얼굴, 싱싱한 생선을 소중히 다루어 주는 그 일상이 사람들의 환심을 산 걸까.

어디 크고 작은 장사뿐일는지. 우리가 사는 세상의 모든 일에 어떻게 대처하는가는 그 이유가 항상 도사리고 있으리라. 마음 쓰임, 행동 어느 것 하나 중요하지 않은 게 없을 것이다.

(2009.09.)

부처님 오신 날

불기 2554년 절 주변은 많은 사람들로 북적거린다. 절에 다니는 불자는 물론이려니와 공휴일이기도 해 겸사겸사 가족들과 친지들과 나들이 나온 이들의 행렬이 계속 이어지기 때문이다. 선찰대 본산 큰절이 있는 절 밑의 버스 주차장은 차를 타려는 사람들이 꾸불꾸불 줄을 지어 늘어 서 있다. 버스는 계속 들어오고 사람들은 질서를 지키며 승차해 절 쪽으로 올라간다.

절로 올라가는 길은 스님들과 신도가 정성스럽게 만든 연등이 그 화사함을 뽐내며 장관을 이룬다. 대웅전, 관음전, 지장전 등은 발 디딜 틈 없이 붐비지만, 그래도 이 뜻 있는 날 백팔배는 못해도 삼배라도 정성껏 올리려고 마음을 다한다. 스님의 법문, 찬불가도 들리고 기념행사도 이루어진다. 불자가 아니더라도 기웃거려 보는 많은 사람들의 관심도 고조된다.

절 주변 절 밑은 또 어떤가. 어디서부터 왔는지 많은 장사들이 팔 것을 늘어놓고 있다. 엿, 떡, 도토리묵, 솜사탕까지. 그리고 보면 옛것들이 많이 보인다. 올해는 지방선거조차 맞물려 각 후보 진영의 선거전도 막바지라 치열하다.

몇 발짝 띄지 않아 연방 명함을 받고 또 받는다. 여럿이서 같은 옷을 입고 줄서서 절도 하고 선거철마다 있는 모습들은 변함이 없나 보다. 그래도 예전과 달라진 면도 많다. 식사 대접 받는 건 큰일 날 일이기 때문이다. 선거는 어쩜 관심이 없게도 여기지만 우리가 해야 할 일임에는 틀림이 없나 보다.

얼마만의 일인가. "아이스께끼, 아이스께끼"라는 소리가 들린다. 예전에 보던 그 아이스크림 통이 아직도 건재하고 있구나. 통을 맨 소년의 모습도 신기하다.

그러고 보면 부처님 오신 날은 단순히 절 행사만을 치르는 날이 아닌가 보다. 남녀노소 각계각층의 사람들이 모이고 축하하고 어우러지는 날이기도 하다. 나이 든 사람들은 더욱 옛날이 그리워지고 아이들은 볶은 은행 한 줌 사고 솜사탕 든 얼굴이 즐거움으로 가득 차 있다. 한나절 절에 있다가 내려오는 만원버스 속에서 누군가의 큰 말소리가 들린다. "금순아, 찍어라" 모두들 그 소리에 웃는다. 이 또한 오늘에 걸맞는 말일런지. 옛것과 오늘의 조화가 이루어지는 듯한 마당이어서인지.

어이쿠, 아직도 금순이 같은 이름이 당당히 있나 보다. 우리별, 하늘이, 한빛 같은 예쁘고 신식으로 된 이름도 많은데 말이다. 이름 끝 자에 자, 순, 희, 옥, 숙 같은 글자가 대세를 이루던 시절도 저만치 물러서 있지 않은가.

"눈보라가 휘날리는 바람 찬 흥남부두에… 금순아 어디를 가고 길을 잃고 헤매었느냐…"

유행가 가사 하나 제대로 못 외우는 처지에 어릴 때 하도 많이 들어서 아직도 가사가 떠오른다. 그러고 보니 6월이다. 금순아! 그 소리만 들어도 그때가 되살아난다.

불기 2554년 부처님 오신 날. 절 밑의 모든 풍경들을 보니 차라리 더 차분해지려 한다. 종교를 가진다는 건 개인으로서 중요한 일이며 마음을 어떻게 가진다는 것도 종교와 직결된다. 흔히 절이나 교회에 열심히 다니는 사람도 실생활과는 연결 짓지 않고 선하지 못한 행동을 한다고 한다. 사람 속에 있다 보면 의외로 선한 사람이 많지 않다는 걸 느낄 때가 더러 있다. 선의의 경쟁사회에 살아서일까. 시기하는 마음도 도처에 도사리고 있다.

이런 부족한 개념이 종교를 갖고 또 노력해 조금이라도 해소된다면 다행한 일이다. 마음을 잘 가진다는 건 정말 중요한 일이다. 가족 간, 이웃 간, 친구 간 배려하고 이해하는 마음을 가질 수 있으면 스스로 마음이 편해진다. 가족 간에 이해 못 해 감정적으로 대립각을 세우는 일은 정말 어리석은 일이 아닌가. 자존심을 버려라. 그런 말을 더러 듣는다. 정말 말없이 못난 마음으로 남의 뒤에 있으며 남의 말을 듣기만 해도 마음이 얼마나 편해지는지 모를 게다.

어쩜 부처님께서도 부처님 오신 날 절 주변에 와서 생활전선에 나서 본 순박한 사람들의 모습을 미소 지으며 보실 것 같다. 어떤 어설픈 점도 이해를 하시리라.

　"이런 것이 사는 것이니라. 어떤 일을 하건 열심히 하면 아름다운 일이니라." 자꾸 이렇게 말씀하시는 것 같다. 해마다 부처님 오신 날은 오건만 올해의 이날은 더 많은 부처님의 자비가 베풀어지듯 마음은 가득차고 감사해진다.

(2010.08.)

엄마집

오늘도 걸어가는 길목에서 엄마집을 본다. 오랜 세월동안 드나들던 그 집은 이젠 엄마집도 아니지만 아직도 본래의 모습 그대로다. 건물 2층엔 중국집이 있고 엄마집이 있다. 대문은 1층에 있다. 어느 한군데 손대지 않은 듯 문 색깔도 그대로다. 초인종을 누르면 아직도 들어갈 수 있을 것 같은 집. 1층엔 변함없이 24시간 편의점이 있고 서너 개의 가게도 여러 해가 지났건만 아직 그대로 눌러 있는 모양이다.

애초엔 집 모습이 다르다. 할아버지 할머님이 계실 때는 보통의 주택이었다. 마당 한쪽에 우물이 있고 커다란 감나무가 자리 잡고 있어 감나무집이라 불리기도 했다. 할아버진 화초에 일가견이 있으셔서 장독대 옆에 온실을 만들어 두시고 많은 꽃들과 분재를 관리하셨다. 특히 가을이면 여러 종류의 국화를 선보이셨다. 굵은 국화, 실국화, 소국 등. 요즘같이 모든 것이 풍족하지 않았을 때였는지 관청에 행사가 있으면 빌려 갔을 정도였다.

아버진 공무원이셔서 우리 가족은 관사에서 계속 살았다. 6·25전쟁 다음 해엔 대전으로 가게 되어 전쟁의 참상을 직접 볼 수 있었다. 학교는 없고 어느 빈 제사공장에서 공부했던 잊을 수 없는 기억도 있다. 그 뒤 청주와 묵호에서도 잠깐씩 있었다. 내가 결혼한 뒤에서야 부모님과 동생들은 할아버지 할머니와 함께 살게 되고 길가 집이라 자그마한 건물을 지어 엄마집으로 늘 불리어 온 셈이다.

그로부터 어언 40년. 조부모님과 부모님 다 돌아가시고 영원한 엄마집으로 아직 그 모습을 보존하고 있어 지날 때마다 가슴이 미어진다.

명절이면 중국집에선 언제나 근사한 요리를 보내 주어 푸짐하게 먹는다. 가까이 유명해수욕장이 있어 우리 5형제들이 여름이 되면 두세 차례 아이들 다 데리고 해수욕장 가는 건 연중행사이기도 했다. 지금은 해수욕장에서 각양각색의 튜브와 파라솔을 설치하고 일률적으로 관리하지만 그땐 각자의 튜브를 들고 메고 간다. 엄마는 자식 손주들 먹이느라 땀을 뻘뻘 흘리신다. 언제나 반갑게 맞아 주시던 엄마!

그렇게 날들은 흘렀나 보다.

할아버지 할머니 부모님 그리고 가까운 윗분들이 많이 다른 세상으로 가시고 어느덧 세대가 바뀌어 자신이 그 역할을 하는 시기에 다다랐으니 말이다. 지금 우리나라는 고령화 사회에 이미 접어들었고 저출산은 세계 으뜸이란다. 결혼하지 않는 사람은 늘어만 가는 추세다. 이대로 가면 2, 30년 뒤엔 몇 사람 중 한 사람이 노인인구고 젊은 산업 일꾼들이 적어 어쩜 국력이 허약해질 수 있다고 걱정한다.

월드컵이 열릴 때면 "대한민국~ 짝짝짝 짝짝" 수없이 우리의 국호를 부르고 또 부른다. 올림픽에서 메달을 따고 애국가가 울려 퍼지면 저절로 국민이 하나 됨을 실감한다. 이렇듯 나라 사랑하는 마음은 누구에게도 스며들어 있지만 평소에는 또 무감각하기 일쑤다.

멀지 않은 장래에 닥쳐올 고령화 등의 사회적인 현상에 대해선 당국자가 대책을 세우면 되지 하고 무덤덤할 뿐이다. 바로 우리의 자식 손주 또 그 후손들이 겪어야 할 일일 텐데 말이다. 그리고 보면 과거의 모든 선조들께서 고생하며 열심히 살아오셨기에 오늘날 세계 어느 나라에도 뒤떨어지지 않는 국력과 경제적 수준에 도달하지 않았는지. 어쩜 그 나라의 장래는 미미한 한 개인의 작은 생각에서 비롯되는 것인지도 모른다.

이런 풍경도 그려 본다. 언젠가 그날, 노령인구가 많아진 그날, 아파트 승강기에서 노인만 자주 마주치기보다 자식 손주들이 들락거리는 것이 더 보기 좋지 않을는지. 아! 그때 결혼할 걸 자식도 두엇을 나을 걸 하고… 후회해 본들 소용이 없다. 살아가면서 희로애락을 함께 할 소중한 인연들을 맺게 권해 주고 또 노력해 보는 게 어쩜 하나의 밑알이 될지 모른다.

한 번씩 걸어 보는 산책길이 엄마집 부근까지 가려면 시간은 좀 걸리지만 되도록 그쪽으로 가며 엄마집을 본다. 언젠가는 집이 헐리고 높은 건물이 들어설 것이다. 주위에 계속 큰 건물이 들어서는 중이다. 고향이 바로 이 고장이기에 엄마집은 바로 고향이다.

아직도 동생들과 엄마집으로 호칭하고 있는 그 집은 우리가 아무리 나이를 들어가도 변하지 않는 엄마집일 뿐이다. 평범한 일상에서 엄마집을 보면 여러 가지 회의 속에서도 왠지 마음이 깨어난다. 먼 옛날과 오늘의 현실을 오가며 마음이 넓어지고 주위의 모두를 사랑하고픈 마음도 든다. 이렇게 아직도 엄마는 큰 힘을 주시는가 보다. 앞으로도 엄마집을 보게 되면 어떤 마음의 그림을 그리게 될지 기대가 된다.

(2010. 08.)

버릇

텔레비전 우리말 겨루기 프로를 자주 시청하다 보니 우리말에 이제 껏 살아오며 전혀 읽지도 듣지도 못한 단어들이 엄청나게 많다는 것을 알게 된다. 언제부터 그런 단어가 있었던가 신기할 정도다. 그런데도 출연자들은 어떻게 공부를 하는지 잘 맞추고 달인까지 도달한 이도 스무 명 남짓한 걸로 알고 있다.

그러나 조금만 관심을 기울여 보면 그런 생소한 단어가 아니더라도 우리 가까이서 늘 듣는 단어에서도 여러 가지 의미를 찾을 수 있지 않을까 싶다. 그런 맥락에서 '버릇'을 한 번 골라 본다. 전문성과는 거리가 먼 것일지언정. 같은 글자라도 다른 뜻을 가진 단어는 흔하다. 흔히 길이라면 우리가 걸어 다니는 길도 있고 사람으로서의 도리를 뜻하는 길도 있듯이 버릇도 언뜻 생각하면 같지만 두 가지 뜻으로 나누어짐을 알수 있다. 어떠어떠한 버릇이 있다는 건 습관에 속하고, "저 사람 버릇이 없다"는 말은 예의를 뜻한다고 했다.

그러고 보면 두 가지 다 성품과 밀접하게 연결되어 있나 보다. 먼저 사람의 습관에 대해 말해 보면 약속 잘 지키는 사람, 못 지키는 사람이 그 으뜸일 것 같다.

약속은 친구라든지 친지든지 가까운 이들과의 약속은 소소한 일처럼 여겨 대충대충 생각하는 이도 더러 있다. 학창 시절 약속 시간에 늦게 나타나는 사람은 수십 년이 지난 오늘날에도 그 조금의 시간을 당기지 못하고 있으니 한편 생각하면 재미있는 비교이며 현상이다.

그래도 요즈음은 공적인 행사라든지 그런 곳에선 시간을 엄밀히 지킨다.

그 언제 적이었던가. '코리안 타임'이라는 말이 유행하던 땐 공적인 행사 때도 얼마만큼의 여유(?)를 항상 남기기도 했으니…. 누군가가 말하기도 했다. 그 나라의 국민들이 약속을 지키지 않는 사람이 많으면 선진국에 진입하는 게 늦다고 하던가.

하긴 습관이란 것이 어찌 약속에서 뿐일까. 애들 공부 열심히 함도 습관일 수 있고 노력하며 열심히 사는 태도도 곧 습관으로 연결되리라. 좋은 습관은 장래를 이롭게 하고 나쁜 습관은 갖지 않도록 하면 좋겠지만 어디 그렇게만 되는 게 아니다.

버릇의 다른 한 의미에 속하는 예의는 오늘날 이만저만 위상이 떨어져 있는 게 아니다. 동방예의지국의 명성이 무색하게끔 예의에 벗어난 일들이 많아 걱정하고 나무란다. 어른도 모르고 좌석 양보도 안 한다고 하지만 사실 다녀 보면 버스나 지하철에서 자리 양보하는 젊은이들이 많다. 학교나 학원 등에서 하루 종일 공부하느라 지친 학생, 회사 직장

다니는 일도 녹록지 않아 아침 일찍부터 저녁 늦게까지 뛰어야 함도 힘들겠거늘 차를 타도 어른들 보이면 일어나야 하고 그들에게 자리 양보라도 받으면 미안해진다.

예의는 어찌 젊은이들에게서만 바랄 수 있는 일일까. 더 많은 날들을 살아온 어른들도 지켜야 하지 않을는지. '세 살 버릇 여든까지'라는 말이 있듯이 어떤 버릇이 몸에 배어 그대로 행하는 건 아닌지. 그것이 혹 나쁜 것이어도 고치지 못하고 있는지. 어른으로서의 길이 과연 당당한 것인지.

사람이 많다 보니 선량한 사람도 있지만 그렇지 못한 이도 있다. 옛날에 '엽전'이란 말이 더러 들렸다. 단순히 엽전일 뿐일 텐데 괜스레 우리네와 관련을 지으며 스스로를 낮추어 본 것은 아니었을까.

마음 밑바탕에 깔린 시샘, 심술 같은 걸 빗대어 본 걸까. 급하고 떠들고 싸움 잘하는 기질도 엽전 속에 들어 있었을지도 모른다. 주어진 환경 여하에 따라 인품이 형성되지만 저절로 주어진 어떤 민족적인 성품을 걱정한 사람들이 지어낸 말이었을는지도.

어쨌든 좋은 버릇과 나쁜 버릇은 일상의 모든 일에서 비롯됨에는 틀림이 없다. 생활하는 과정이 습관의 연속이고 행동거지 모두가 다 조심할 일들이 아닌지. 소소한 버릇들은 일일이 열거할 수 없을 만큼 버릇의 범위는 광범위하다.

버릇은 어느 누구와 함께 할 수 없는 오직 자신과의 일일는지 모른다. 바뀌어 지지 않는 어떤 버릇 때문에 은근히 고민해 보진 않는지. 과연 버릇은 가깝고도 먼 그런 것일까. 그래도 이 시점에서 중요하게 여기고 싶은 것은 어릴 적부터 좋은 버릇을 가지도록 노력할 수 있으면 살아가면서 인간관계도 더 나아지리라 믿고 싶다.

　버릇은 알게 모르게 자신을 떠나지 않는 하나의 거울 같은 것이 아닐까. 한 번쯤은 스스로의 좋은, 나쁜 버릇을 점검해 보는 것도 재미있을 것 같다.

(2010. 08.)

제사

　우리 고유의 전통, 제사의 형식에 어떤 변화의 조짐이 부쩍 이곳저곳에서 감지되고 있다. 지난 추석에 절에서 차례를 지내 준다는 문자가 불자들의 휴대폰에 뜨기도 하고, 젊은 층이 아닌 중장년층 또 그 이상의 여인들도 제사 문제에 대한 언급을 하니 말이다. 사회는 엄청 변하고 있는 이 시대에 아직도 우리는 일 년에 차례를 포함해 몇 차례씩 재래식 제사 형식을 꼭 고수해야 하는가의 문제이다.

　사실 주위에서 보면 제사 모시느라 힘들어하는 사람이 의외로 많다. 집안이 넓으면 오는 친척도 많아 짜증을 내기도 한다. 명절 증후군을 앓는다고도 하지 않는가. 요즈음 주부들은 예전처럼 집에서 묵묵히 일하는 걸 달가워하지 않는다. 결혼, 돌잔치, 고희연 등 집안 행사 때 그 음식들을 모두 집밖 음식점에서 대접한다. 장례 의식도 마찬가지다. 유독 제사만은 명맥이 제대로 이어져 오는 편이다.

　그런 맥락에서였을까. 제사 때의 그 많은 제수 준비를 파격적으로 줄여야 한다는 얘기들이 많다. 아! 요즘 우리 나이 든 어머니들의 자식 사랑은 대단하고 또 위대하다 아니할 수 없다. 자신들은 불만 없이 해 온 일들을 자식들에겐 물려 주지 않겠다는 것이다. 비록 조상을 기리는 일이지만 자식이 힘든 걸 더 생각한다. 정녕 내리사랑이 아니겠는가. 제수 준비는 결코 간단하지 않다. 생선, 전, 산적거리를 늘어놓고 조리하고 굽고, 나물, 떡, 과일, 마른 포, 밤과 대추 등을 제기에 각각 담아 올리고, 진지와 탕국을 놓고 술을 올리며 절을 드린다. 어쩜 조상 대대로 내려오는 풍습이며 아름다운 모습이기도 하거늘 급박하게 살아가는 오늘날 사람들에겐 어떤 부담이 되기도 하는 건가.

이런 말을 들은 적이 있다. 종교에 따라 조상을 기리는 예의는 조금씩 다르니 아예 종교를 바꾸기도 한다고. 어쩜 그런 일이 있을까. 말이 되는 일이냐고 펄쩍 뛸 수도 있겠지만 서서히 흐르는 변화의 물결이 있다면 그럴 수도 있으리라.

이제껏 묵묵히 일구어져 왔던 조상 제례에 대한 전통 의식에 과연 위기가 오고 있는 것일까. 그에 드는 많은 시간과 또 일을 해야 함에 앞으로의 우리 주부들이 기꺼이 받아들일 수 있는가에 초점이 있지 않나 싶다. 소리 없이 해 왔던 나이 많은 동년배들도 자식들이 행하기에는 너무 버거운 일이라고 입을 모으고 있는 현실이니 한 세대가 내려가면 더욱더 그런 기세에 박차를 가하게 될 것처럼 여겨진다.

허긴 제사가 아닌 다른 형식으로 기일이나 명절에 조상에 대한 예의를 얼마든지 할 수 있다. 자신이 믿는 종교를 기준으로 기도를 한다든지 나름대로 정성을 다할 수 있는 길이 있으면 그렇게 행하면 된다. 어느 종교 방식이 옳다든지 그르다든지 어느 누가 그런 말을 할 수 있으리.

아직 많은 가정에서 이루어지는 제사도 이미 곳곳에서 작은 변화는 이루어지고 있다. 제물을 통째 맡아서 해 주는 업체도 등장한 지 오래고, 명절 장을 보러 시장에 가면 종류별로 생선을 때깔도 좋게 구어 놓고 각종 전도 만들어 놓고 있고 손이 많이 가는 나물도 가지런히 준비해 주고 있으니 바쁘고 시간에 쫓기는 사람들은 필요한 만큼만 사가면 된다. 제사 음식만큼은 직접 만들어야 정성이 깃든다고 여기지만 그런 개념도 앞으로는 점차 얇아질 것 같다.

어느 대학교수의 칼럼에서 읽은 내용 중 지구상에서 제사를 올리는 나라는 우리네뿐이라고 했다. 이런 점도 완전히 배제할 수 없는 일이라면 조금은 간편한 제사로 거듭나게 해 보는 것도 시대의 흐름을 따르는 일일 것이다.

때론 예전부터 가내의 엄숙한 전통이 이어져 오는 집의 제례는 더욱 힘든 일이 많아 그 집의 안주인은 감내하기가 어렵지만 그래도 아직 가문의 체통을 지키려고 달게 여긴다. 하지만 어느 한 지인이 제사 때 가족 친척들이 많이 참석하지 않는 일이 가장 바라는 바라고 말한 적이 있다.

앞으로도 변함없이 명절이면 민족대이동이 이루어져 고향으로, 고향으로 교통대란을 초래하기도 하겠지. 이 일은 우리 고유의 아름다운 풍습으로 현대를 급박하게 사는 이들의 마음의 안식이기도 할까. 비록 귀향길에 고생해도 마음은 흐뭇하지 않은지. 부모 형제 고향 사람들과 잘 지낼 수 있게 되는 시간으로 마음이 더 가벼워지면 금상첨화가 아닐는지. 명절에 가서 일만 해야 한다고 짜증 난다면 이런 일을 누가 해결해 주어야 할까. 이 작지만 중요한 일을 조금만 신경 써 준다면 고향길은 정말 행복하지 않을까 싶다.

(2010. 10.)

목련꽃 필 무렵

3월 들어서부터 꽃샘추위가 계속되어 제법 옷깃을 움츠리게 하더니 그도 중순을 넘어가니 드디어 아파트 주변의 여기저기에 목련꽃 나무가 몽우리를 틔우기 시작한다.

아, 목련꽃이 피려는구나. 비록 화사하게 핀 꽃들이 오래 지속되지 못하고 봄비라도 내리면 쉬이 떨어져 버리지만 괜스레 마음이 짜안해진다 어느 봄꽃이 그렇지 않으련만 몽우리를 빨리 맺는다. 그 꽃이 필 때면 유독 마음이 설레게 해 주는 건 탐스럽고 하얀 목련꽃 나무가 유달리 담 넘어 많이 보이던 동네에 이십여 년을 살았기 때문이리. 꿈같았던 시절이었는지.

널찍한 뜰에 여러 그루의 목련꽃 나무들도 해마다 꽃을 피고 지게 해 늘 마음을 따사롭게 해 주지 않았던지. 그 집을 지을 때 세 살된 막내 아이를 데리고 집 짓는 곳에 가던 일 애초에 친구 남편에게 설계를 맡길 때 창문을 많이 내어 밝게 해달라고 부탁했던 일도 즐거운 기억이다. 집에 있는 애가 명절에 고향 다녀오며 하얀 진도 강아지 세 마리를 가져와서 한 마리는 설계한 분께 주고 두 마리를 진용이 도용이라 이름 붙여 키우던 일. 언제 이토록 날들이 흘러 버렸는지….

요즈음 가장 친한 오랜 친구와 가끔 시내에 나간다. 하릴없이 바삐 지내느라 잊고 지냈던 남포동, 광복동! 부산이 고향이다 보니 정든 거리가 많지만 남포동 광복동은 또 다른 의미가 있다. 왜 그리 자주 나갔던지 고전 음악 듣고, 남포동 좁은 골목 양화점도 기웃거리고 조금 더 걸어가 보수동 헌책방 골목도 잊을 수 없는 곳이다. 명배우가 출연한 영화도 빼놓을 수 없다. 한창 시절을 오갔던 곳. 요즈음 중심가 극장가는 많은 변화가 있고 그 앞은 파라솔들이 즐비해 먹을 것들을 판다. 그중에 호떡집은 긴 줄을 서 기다린다. 줄 서서 기다려서 작은 종이컵에 호떡 받아 들고 먹어 보면 지난 세월이 가까이 있는 듯하니 왤까.

이제는 인생의 후반기를 맞은 동년배들, 건강관리 하느라 운동도 하고 여가선용으로 노래도 배우고 다들 열심히 살고들 있다. 그러면서 한번씩 허전해짐을 달래면서 말이다. 나눔의 봉사의 길도 있지만 들어서는 게 쉽지 않은 일이다.

얼마 전 동기회엘 갔다. 전보다 적게 참석했다. 동기회에 나오는 사람은 대개 정해져 있다. 가장 마음 편하게 나올 수 있을 텐데 어렵기도 한 걸까 어떤 모습이거나 어느 사연인가 다 접어 두고 나오면 그래도 명문학교에 다녔던 동창들의 면면은 아무리 세월이 흐른들 은은히 남아 있지 않을는지. "낮은 데로 임하소서"란 말이 있다.

자녀들 다 출가시키고 호젓한 생활로 돌아온 우리들이야말로 정

녕 그 말을 가까이함이 어떨까. 목련꽃 필 때면 그리운 날들에로 향한
마음은 무한하고 엄연히 존재하는 현실도 다시 생각해 보는 계기도 되
나 부다.

(2011.03.)

칭찬

지하철에서 신문을 읽다가 뜻밖의 칭찬을 듣게 되어 적잖이 쑥스러웠다. 일제 강점기에서 해방되던 그해 초등학교 5학년이었다는 그녀(할머니)는 잠깐 말해도 될까요 하며 입을 연다. '승객들을 한번 보세요. 나이 든 사람은 더러 책을 읽고 있네요. 저쪽 한번 보세요. 그렇죠? 반면 젊은 사람은 휴대폰 만지는 이가 많죠? 우리나라는 이런데 일본은 다르거든요.' 그러면서 일본 사람들의 이런저런 예를 든다.

우리네가 과거사 등으로 달가워하지 않는 경우도 더러 있는 그들이지만 행동거지는 본받을 게 많다는 것은 알고 있어 듣고 있는데 나중엔 엉뚱하게 내게로 화살이 날아온다. '아까부터 보고 있어요. 신문을 자그마하게 접어서 읽네요. 신문을 쭈욱 펴서 읽곤 하는데 그러면 옆 사람과 많이 부딪치거든요. 칭찬하고 싶네요….' 아무런 한 일도 없이 칭찬 듣는 일도 있어 멋쩍어졌을 뿐.

평소 지하철을 타면 경로석에 앉은 사람들을 보며 착잡한 마음들을 가지지 않았던가. 그들도 한참 때가 있었건만 세월의 흐름 앞에 변하고

만 모습들.

바로 자신이기도 하기에 을씨년스럽기도 하고 길다면 긴 삶에 부대끼고 아직도 갖가지 상념 속에 무심히 앉아 있는 이들. 허기야 젊은이들이 보기에는 까마득하게 보이지만 어느 날엔가 오고야 말 시간이며 자리이기도 하리라. 그녀는 어디까지 가느냐 묻고 같은 방향이라 반긴다. 지하철 두 번 갈아타고 곁에 또 앉는다.

시발역에서 종점까지 가며 그곳에 서는 촌장에서 살 것이 몇 된다고 한다. 주로 호박, 상치, 오이 등의 채소인데 싱싱하며 달기조차 하다고 자주 그곳을 찾는 모양이니 대단한 체력일 수도 있으리. 알록달록한 천으로 덮개가 썬 작은 손수레를 끌고서 말이다.

흔히 노년의 시간들을 어떻게 보내야 하는가에 의견들도 있지만 그런 법칙이 어이 존재하리. 오직 자신이 가꾸어야 할 몫이거늘. 나름 즐거운 마음으로 촌장도 누벼 보고 제법 긴 시간 지하철 타고서도 사람들 예사로 보지 않고 극히 사소한 일로 아무나 자주 하는 말이 아닌 칭찬이란 말을 할 수 있는 용기도 가진 분.

그는 정말 알뜰살뜰 자신의 시간, 아니 노년을 잘 보내는 마음 넉넉한 분임엔 틀림이 없으리라.

(2011.07.)

부모의 길

우리가 살아가는 데 있어 자식으로서의 길이 있듯이 부모의 길도 엄연히 있다. 어떠한 첨단 시대에도 그렇다. 어쩜 부모의 길은 자식의 길보다 더 어렵고 험난하리라. 감히 짧은 글로 표현할 수 없는 끝이 보이지 않는 마음 씀을 함께 하지 않을는지.

진자리 마른자리 갈아 뉘시고, 부모님의 은혜 노랫말에 있듯이 자식이 태어난 그 순간부터 긴 부모의 길로 들어선다. 가슴 조이며 지내는 날들이, 사연이 또한 얼마나 많을까. 반대로 자식의 기쁨은 부모의 기쁨이기도 하여 자식의 일로 뿌듯해지면 부모의 길이 더 빛나질 수도 있으니 마냥 어려운 건만은 아니다. 그러나 이혼율이 점점 높아가는 추세인 오늘날엔 부모의 길에 비상이 걸린다. 고부갈등, 며느리 시집살이 등은 옛날 일들일 뿐이다. 과거를 답습하다가는 자칫 자식의 가정에 큰 영향을 끼친다는 걸 알고 있다.

키울 때는 형편이 좋거나 나쁘거나 최선을 다하고 어른이 되면 자녀의 가정에 초점을 맞추고 화목하게끔 소리 없이 성원하고 노력하는 것이 진정한 부모의 길이기도 한 것일까. 자식으로서의 마음을 잠깐 말해 보면 부모님은 또 마음의 큰 울림이 아니던가. 부모님 생각하면 미안하고 눈시울이 뜨거운 게 먼저다. 옛날 생각하면 그립고 따뜻해지는 마음!

부모도 마찬가지다. 부모와 자식으로서의 연은 삶의 힘이지 아니한가. 아무리 되돌아보아도 후회스럽지 않은 좋은 기억들로 가득하다. 더러 '내 친구 부모는 어떻게 해 준다더라' 그런 말이라도 들리면 그리 못하는 부모는 또 미안해진다. 시집 잘 가는 조건 첫 번째가 시아버지의 경제력이라는 그런 말도 하는 어쩜 살벌하기도 한 요즈음이다. 욕심이 많은 이들도 적지 않은가 보다. 힘없는 부모의 길은 쓸쓸할 것도 같다.

그래도 부모는 주저앉으면 안 되리라. 언제나 지켜보며 이해하고 또 이해하면 모든 일이 원만하리라. 이것이 가장 원만한 부모의 길이 아닐까. 소견으로 잠깐 부모의 길 운운해 본 것이 어쩐지 부끄럽게 여겨진다.

(2011. 07.)

아직도 먼 길

　가까이 있는 복합상영관에 가 본 날, 그날따라 주말이어서인지 사람들이 많다. 평소에 영화관에 가 보면 이래가지고 극장이 운영될까 걱정되게끔 좌석들이 텅 비어 있다. 고작 일 이십 명이 있을 때가 허다하니 말이다.

　그날은 달랐다. 여름을 겨냥한 공포영화여서 그런지 사람들이 꽉 차 있어서 놀랄 정도다. 덩달아 왠지 흐뭇하기도 하고 좌우를 살펴보니 고만고만한 연령대, 즉 젊은 층이 주류다. 이십 대 초반이랄까. 노는 토요일인지 중. 고등학생들도 보인다. 그들은 커다란 팝콘 통과 마실 음료를 들고 있다. 중장년층은 거의 없다. 모처럼 꽉 찬 사람들 속, 그도 젊은이들 속에서 가뿐한 영화 관람을 한 셈이다.

　드디어 영화가 끝나고 전등이 켜진다. 계단을 내려오는 순간 펼쳐진 광경. 어느 열 할 것 없이 버려진 팝콘 통과 컵들, 게다가 바닥에 이리저리 흩어진 팝콘 알갱이까지. 꽉 차 있던 사람 못지않게 놀라지 않을 수 없다. 한두 번이라도 영화관에 가 본 이라면 끝나고 난 뒤 자신의 컵

같은 것은 나오다가 큰 쓰레기통에 넣어야 한다는 것쯤은 상식일 텐데 말이다. 깔끔하게 처리하지 못해 버려진 그것들을 일일이 치워야 하는 사람들의 마음은 얼마나 답답할는지.

이 비슷한 일이 또 있다. 얼마 전 대로변 인도를 걸어가는데 앞에 가던 중학생 서넛이 신나게 과자를 먹으면서 가고 있었다. 먹는 데까진 좋았으나 빈 봉지를 거리에 휙 던진다. 다른 친구들도 연거푸 신나게 던져 버린다. 조금만 주의해 보면 요소요소에 쓰레기통이 비치되어 있을 텐데. 허긴 사람이 많이 모이는 곳엔 쓰레기가 산더미처럼 쌓이는 이유가 이런 사소한 일에서부터 비롯됨일는지.

이럴 때면 한겨레바로서기운동 본부장 선생님이 떠오른다. 선생님 께서는 이런 일련의 일들 때문에 오래전부터 몸소 애쓰고 실천하고 계신다. 쓰레기 무단투기뿐 아니라 예절 등 사회 전반에서의 올바른 행동 여하에 따라 선진국 국민으로 다가가는 수준을 가늠할 수 있다고 말씀하시고 늘 글 쓰신다. 지하철에서 경로 자리가 비어 있어도 요즈음은 젊은이들이 앉지 않으니 많이 나아졌다 하셨는데 한길에서 빈 봉지 버리는 학생을 보셨다면 얼마나 실망하고 마음 안타까워하셨을는지.

신시가지에도 노인자원봉사자들이 수시로 거리에서 쓰레기 줍는 일 등의 노력도 하는데 아직도 요원한 길인가. 올여름 해수욕장에서, 계곡에서, 야구를 좋아하는 이 고장 사람들의 사직야구장에서도 얼마나 많은 쓰레기가 쌓이고 그로 인해 몸살을 앓는 이 또한 적지 않으리.

영화관에 오는 젊은 사람들은 생기발랄하고 귀엽고 예쁘다. 하나 같이 팝콘과 마실 것을 들고 있는 모습들은 미소를 자아내게 한다. 그들에겐 무한한 꿈이 있다. 영화 관람의 일환도 먼 훗날이 되면 아름다운 기억으로 남는다. 아직도 옛 영화의 얘길 듣는다든지 세계적인 명배우들의 활약, 주옥같던 당시의 영화주제곡을 들으면 가슴조차 찡해진다. 어느 사이인가 지나가 버린 날들인가를 철없던 시절이 얼마나 후회스럽다는 걸 어떻게 알 수 있을까.

그러나 첨단의 첨단 속에서 행복하게 살아갈 세대에겐 무한한 희망이 있다. 하나의 작은 버릇이 미래의 어느 날까지 결코 이어지지 않으리라 믿고 싶다. 사랑하는 자녀 소중하기만 한 우리들 가족들이기에. 그들이 결국 우리나라를 선진국 국민으로 발돋움하게 할 주인공들임을 바라고 싶다. 어느 날 극장에서 슬그머니 무얼 버리던 일은 아득한 일로 잊어버리게 되리라.

(2011. 07.)

칼국숫집과 에어컨

애들 어릴 때부터 더러 다녔던 칼국숫집이 있다. 많은 날들이 흐른 요즈음도 그대로 있다. 외관상 변한 게 별 없고 맛 또한 일품이다. '원조'란 이름이 언젠가부터 간판 앞에 붙어 있고, 부근에 몇 집 더 생긴 것밖에.

그러고 보면 사람들에겐 나름대로 예부터 다니던 단골 맛집이 한두 군데는 있기 마련이다. 고급 음식점이 아닌, 부담 없는 가격으로 맛깔스럽게 먹었던 추억의 음식점 같은 곳이. 지금도 시내 중심가에 있는 완당집, 국숫집 등도 그러하다. 완당집은 몇십 년 전의 그 장소에서 요즘도 성황이다. 국숫집도 조그만 의자를 큰 걸로 바꾸지 않은 채다. 한번은 국수 먹으면서 "옛날 학생 시절에 친구들과 여기 자주 왔거든요"라고 말해 보았으나 주인은 무덤덤한 표정이었다. "그래요?"라고 한번 웃어 주면 좋았으련만. 어쩜 외모와 어울리지 않은 말이 괜스레 이상하게 보였을까.

어쨌든 그 칼국숫집에 여름날 칼국수를 먹으러 가면 꼭 한 가지 의문이 든다. '칼국숫집에 왜 에어컨이 없을까?' 하고. 문이란 문은 다 열어 놓고 선풍기만 총가동된다. 요즘은 아무리 더운 날도 집을 나서서 거리를 걸을 때뿐 모든 탈 것도, 건물도 들어서기만 하면 시원하기 마련이다. 작은 음식점도 웬만하면 에어컨이 있다. 그런데 유독 그 칼국수 골목만 가게마다 선풍기 세례다. 아니면 다른 곳엔 그렇지 않은지? 칼국수가 뜨끈한 국물이라 냉방에 지장을 받는 걸까. 그것도 아닌 것 같다. 복날 삼계탕집은 얼마나 냉방이 잘 되던지. 펄펄 끓는 국물을 담은 뚝배기 그릇을 들고 왔다 갔다 해도 실내가 시원하니 덜 안쓰럽게 보이지 않았을까. 그렇다면 영업도 잘되는 그 집이 왜 에어컨 설치할 마음을 접어 버렸는지 모를 일이다. 물어볼 수는 더욱 없다.

그때나 지금이나 칼국수 맛도, 북적이는 손님과 소문난 집인 것도 변함이 없다. 여름 아닌 계절엔 예사로 보이지만 여름날에 갈 때면 에어컨이 궁금해진다. 올해는 에어컨이 가동되고 있을까? 하지만 번번이 '아직도' 하는 의문만 안고 오게 된다. 이 같은 궁금함도 호사스런 이 시대를 살아가는 단면이 아닐까 싶다.

(2011. 07.)

묵호

텔레비전 프로그램에 묵호가 잠깐 나온다. 강원도 묵호읍 발한리 ○○관사 몇 호, 수십 년 전 3년간 집이 있었던 주소다. 관사 가는 길에 해군 부대가 있었던 항구도시 묵호.

방학 때 동생과 함께 집에 가는 날을 얼마나 기다렸던지, 동해 남부 선 기차 타고 가다가 영주에서 갈아타고 강원도 산골로 들어선다. 그 당시는 그랬다. 통리란 곳이던가, 그 역에 내려 저 까마득히 내려 보이 는 아래쪽 기차가 있는 데까지 꼬불꼬불 산길 따라 내려가야 한다. 그 때 묵호 가는 길은 길고도 험난했다. 지금은 상상할 수 없는 길이다. 그 래도 집에 가면 동생들과 부모님이 반겨 주셔서 자취하느라 끙끙대었 던 것에 비하면 얼마나 편하게 있었고, 또 방학은 어찌 그리 짧게 여겨 졌던지….

묵호는 잔잔한 바닷물과 깨끗하고 아늑한 모래사장, 그 곁엔 오징어 를 주렁주렁 줄지어 말리던 풍경은 묵호란 글자만 보면 아련히 떠오른 다. 그 옛날이었지만 배가 드나들어 멋쟁이들도 많았다던가. 묵호란 글자는 평소에 보기가 꽤 힘들다. 대도시도 아니고 그곳에서 별다른 일도 드문지 소식을 접할 수가 없다. 그리 오래 살지 않았으니 아는 사람도 거의 없고, 멀어서 쉽게 가지지도 않는다.

수년만이라던가, 글에 묵호가 등장하면 얼마나 반가운지, 그곳의 문인은 더 가까운 듯하고 이번에는 인기 프로 1박 2일의 멤버들이 묵호의 여객터미널에 들르는 등 잠깐이나마 거리를 보여 주어 마음 설레기도 했다. 흔히 연세 드신 분들의 글을 보면 옛날 얘기들을 많이 쓰시는데 나 역시 이를 탈피하지 못하고 지난 일에 연연하지 않나 싶어 조금은 멋쩍다.

묵호라면 또 떠날 수 없는 오징어가 있다. 그런데 그 오징어가 언젠가부터 서글픔을 조금씩 안겨 준다. 우리네의 오징어는 심심풀이 땅콩과 함께 예로부터 즐겨 먹는 기호식품이다. 그 오징어를 극장 앞이나 유원지에서 보면 예사로 보아지지 않는다. 오징어 먹던 시절로, 때론 그리운 오징어로써 말이다.

남편은 오징어를 정말 좋아했다. 집에 좋은 오징어를 축으로 사 놓고 틈틈이 먹곤 했다. 오복 중의 하나가 치아라고 했던가, 나이 들어 이 치료하고 약해지면 어느새 마음 놓고 오징어가 씹어지지 않는다. 물오징어는 몰라도 세월은 오징어 먹던 시절도 그립게 하나 보다. 어찌 여물은 게 오징어뿐일까만은 추억 가득한 그 묵호를 떠난 지 너댓 번도 변한 강산!

꼭 한번 마음먹고 간 적이 있다. 그도 꽤 오래되긴 했다. 바로 밑 방학 때 함께 집에 가던 그 동생네 가족이 미국 이민 갈 때다. 엄마와 셋이 여행한 곳이 묵호였다. 가는 길조차 편리해졌고 변한 게 한두 가지가 아니었다. 더러는 주택이 들어섰지만 관사도 그대로 있어 엄마가 얼마나 좋아하셨던지. 앨범을 보니 그때의 사진이 있다. 핑크색 상하복을 입은 나 자신이 너무 젊다. 동생은 말할 것도 없고 엄마도 젊고 예쁘다. 이런 시절이 분명히 있었는데 부모님은 계시지 않으니 그리움의 마음이 꽉 차오른다. 그때 찍은 몇 장의 사진은 왜 그리 아름다운지. 세월이 많이 흐르고 모습도 이토록 변했으나 사진만 그대로다.

언제 한번 묵호 바닷가를 거닐 수 있을까. 그 부드러운 모래는 여전할는지. 오징어를 아직 그런 식으로 말릴까. 불현듯 많이 변했을 것 같다. 내가 본 가슴속의 묵호는 약 50년, 30년 전의 모습으로서다. 조용하던 항구도시가 엄청난 대도시 형태로 되어 있을지도 모른다. 아파트도 지어졌고 고층 건물도 있는지 묵호의 발전된 모습이 궁금하다. 어쨌든 마음속의 묵호가 큰 도시로 되어 있다 해도 변함은 없다. 잊고 지내던 어느 날 책에서 혹은 신문에서, 텔레비전에서 묵호가 언급되면 좋겠다. 평범한 일상 속에서 묵호는 마음을 풍요롭게 해 주는 소중한 시간이기에. 그 푸른 동해 바다의 묵호는 영원한 고향이다.

(2011. 08.)

아직도 희야

　친정 올케에게서 친척 할아버지께서 타계하셨다는 전화가 왔다. 오랫동안 연락이 없어서인지 얼른 누구신가 생각이 나지 않았는데 듣고 보니 어릴 때 가끔 뵈었던 할아버지시다. 요즈음은 경조사에 가서야 친척을 만나지만 그도 한 촌이라도 더 멀어지면 남인 듯 그리 지내는 게 보통이다.

　다음 날 동생과 함께 가서 많은 친척들을 만날 수 있었다. 오랫동안 보지 못했던 7촌 아저씨, 8촌 형제 등…. 아버지 항렬인 '봉'자, 남형제 항렬인 '배', 여형제의 '정' 등 이름을 가진 이들이 있으니 아, 여기 오니 친정 식구들이 있구나를 느끼게 되고 감회가 새롭고 내심 반갑기도 하다. 돌아가신 할아버지는 94세셨고, 할머님은 계셨는데 나를 보더니 울먹이신다.

　"희야구나, 큰 집에 자주 갔제, 어릴 때 많이 보았지. 옛 모습이 있구나"라고 하신다. 나도 낯익은 할머니셨다. 할머니껜 딸이 다섯이고 아들이 둘인데 아저씨들은 집안 대소사에서 더러 보았지만 딸들은 생소하다. 그러나 "희야"라는 말 하나로 모두들 나를 안다고 반긴다. 아버지는 종갓집 큰 아드님이시고 엄마도 큰딸이어서 평생 친척들에겐 희야네로 통하신다. 희야 엄마라면 모두들 잘 알고 있다. 아직 희야로 존재하는구나. 엄마께서도 타계하신 지 몇 년 되지만 곳곳에 그 여운이 드리워져 있어 마음이 찡해져 온다.

이날은 저만큼 가버린 세월 속의 자신과 이토록 모습은 변해 버렸어도 엄연히 같은 사람인, 희야라고 부르기엔 정말 어울리지 않는 것도 같았다. 어쨌든 연세가 높으셨다고 자녀들이 덜 슬픈 건 아니지만 그런 가운데서 먼 친척들과의 교류가 이루어지고 있었다.

그런데 며칠 뒤 또 다른 곳에서 "희"자를 들먹거리게 될 일이 생긴다. 오랜 세월을 이어온 딸아이 학부모 모임에서다. 이제껏 누구 엄마로 불리우며 지내 왔는데 이제는 애들도 중년의 어른이니 그들의 이름을 부르기보다 본인의 이름들을 찾는 게 어떠냐는 의견이 나왔다. 그렇다고 이름들을 모른다든지 그런 건 아니었으나 다시 정식으로 확인해 보기로 했다.

이름 끝 글자로 그 시절엔 많이 불렸다. 끝 글자에 "희"가 네 명, "자"가 세 명, 두 명은 각각이고. 영희, 승희, 정희가 둘, 경자 둘, 화자. 같은 글자가 많아 웃지 않을 수 없다. 몇 사람 중에서도 이러하니 많은 사람들이 모이면 그 수는 엄청나지 않겠는가. "희"자도 많지만 "자"는 더 많을는지 모른다. "순", "옥"도 심심찮을 것이고 언년이, 말년이 이름도 더러 듣는 이름이다. 희귀한 이름도 많고.

요즈음 이름들과는 완전 다르다. 이름을 지을 땐 철학관 등 작명가에게서 사주풀이 해서 짓고 젊은 부모들은 예쁜 우리말 이름도 선호한다. 천체 자연에서 따오기도 한다. 한번 지으면 평생 지닐 소중한 이름이기에 어찌 신경들을 쓰지 않겠는지.

그렇다고 예전의 이름이 허술하게 지었다고 생각하지는 않는다. 친정의 가족 이름은 할아버지께서 지어 주셨다. 책자를 놓고 사주풀이 글자 풀이 다 하시는 등 신중을 기하셨다. 설 명절에는 남자아이들에겐 연을 손수 만들어 주신다. 참 근사한 연을 만드시던지 손주들은 그 연을 하늘을 향해 떠우느라 신을 냈다.

더러 책에서 "내 이름을 말한다"라는 솔솔한 글도 있지만 나는 내 이름에 대해 깊이 생각해 본 적이 별 없다. 그럴 만한 사유도 없다고 여겼고, 주어진 이름에 특별한 애착도, 불만도 없이 무덤덤한 채로 임했나 보다. 세월이 많이 흐르다 보니 어디를 가나 사람들을 만나게 되면 위쪽에 이르게 되어 조심스러울 때가 있다. 괜스레 상대방에서 어려워하는 것도 같고. 친척 할아버지 상에 가서도 가까운 사촌들은 다 동생들이다. 큰누나, 큰언니라 대접받는 게 마냥 즐겁지만은 않다. 자꾸 뒤돌아보아진다.

그러고 보니 희야라고 내게 말하는 사람은 극소수일 뿐, 허긴 아직 그렇게 불러 주는 사람이 있으니 다행(?)한 일일는지. 언젠가는 아주 들어 보지 못할 말이 아닌지 여겨 보니 한순간도 아까운 시간인 것만 같다.

이름에 대해 진지하게 생각해 보지도 않은 터에 뒤늦게 생각해 보고 글로까지 이르게 된 셈이다. 한참 뒤늦은 오늘에 듣게 된 희야는 잠자는 자신을 일깨울 계기가 될는지. 과거, 현재, 미래의 어느 날들도 누구에게나 이름은 동행하리라. 또 따뜻하게 지켜 주리라.

(2011. 08.)

못 버리며

사진 찍기를 어지간히 좋아해 언제 어디서나 부지런히 사진을 찍었는데 언제부터인가 슬슬 싫어지기 시작했다. 이유가 있다면 너무 현실을 잘 표현해 주어서일지. 친구들도 예외가 아니다. 동기회에서 어디 나들이라도 가면 카메라는 아예 갖고 오지 않는다. 꼭 찍고 싶으면 휴대폰을 사용하면 되니 더욱 그러하다. 그래도 무슨 사진 한 두 장이라도 있으면 서로 보려고 야단이다.

사진을 찍을 때는 기꺼이, 더 멋있게 찍으려 애쓰지만 완성되고 나면 사실 몇 번 보면 그만이다. 결혼식 사진첩도 갈수록 화사하게 꾸며지고 비디오도 잘 찍지만 어디 자꾸자꾸 보아지던가. 미리 찍는 웨딩 사진도 배우들 못지않은 멋진 모습으로 가히 예술적이다. 아름다울 때의 모습을 영원히 간직하고픈 마음은 별다르다.

그러나 대부분의 사진들은 그때그때 앨범에 넣어 정리해 놓지 않으면 뭉치가 되어 어느 한 켠에 넣어두기 마련이다. 그러니 여기저기 사진들이 만만치 않게 있다. 어쩌다 옛 사진이라도 보게 되면 "이것 보세요, 그땐 이랬네" 하며 남편과 함께 웃어 보기도 한다.

잘생겨 보이는 손주들의 돌 때의 모습 찍은 것도 엊그제 같은데 모두들 학교에 다닌다. 그네들 집엔 우리 때 보다 더 많다. 앨범에 차곡차곡 정리들도 잘해 자라나는 모습들을 담아내고 있다. 한, 두 권이 아니다. 애들 수가 적으니 사진의 종류도 다양하고 한결같이 잘 찍었다.

집안 물건들을 버릴 건 버리고 정리하다 사진 뭉치들도 꺼내 놓는다. 세월이 가면 누가 이 사진들을 보고 있을까, 성가신 물건이 되지나 않을까 싶어 괜찮게 된 것 조금만 두자고 보기 시작하다 보면 어느새 거기에 빠져들고 만다. 옛날엔 사진 크기가 정말 조그맣다. 그리고 흑백사진이다. 옷도 촌스럽다. 머리도 묶여 있는 것도 있다. 그리운 시절이구나. 이 볼품 없는 작은 사진도 차마 못 버리고 슬그머니 도로 넣어둔다. 다음 기회로 미루며…. 애들 학창 시절의 입학식, 졸업식, 야외에 데리고 다녔을 때의 것 등 이루 말할 수 없는 기억으로 마찬가지다.

사진 비슷하게 못 버리는 건 편지들이다. 사진은 앨범에라도 보관할 수도 있지만 편지들은 더욱 뭉치가 크다. 첨단의 메일도 혹 울고 갈지. 아름다운 사연의 편지들 앞에서는… 공무원이신 아버지를 둔 덕에 전학도 다녔기에 다른 사람들보다 편지가 더욱 많아 보인다. 누런 편지 봉투 색이 변해 더욱 누르스름해진 봉투 속의 편지에 "눈이 큰 친구에게"라 적혀 있다. 그랬구나, 눈이 클 때도 있었구나….

지금은 연배들 모임에 가면 눈은 거의 닮은 꼴이다. 특별히 손을 댄 사람을 빼고는 한결같이 눈꺼풀이 내려앉아 조그만 눈을 가진 여인들.

그게 현주소다. 편지 묶음 읽는 시간은 정말 언제 읽어 보았는지 까마 득하다. 더욱 학창 시절의 편지는 많은 꿈을 지녔던 때였기에 새삼스러 움을 준다.

친구 B는 어쩜 글씨체가 이리도 좋을까. 그때는 몰랐는데 정말 돋보 여 보인다. 또 한 묶음의 편지가 눈에 들어온다. 등단하고 나서 몇 년이 지났던가 부끄러운 글들의 수필집을 냈을 때다. 그때 작가 선생님들께 서 많은 편지들을 보내 주셨다. 그땐 그 선생님들이 누구신지 몰랐고 무심히 읽었었는데 지금 읽으니 유명한 선생님들의 성함도 보인다. 수 필작가상을 받은 선생님, 문학회 회장 하신 분. 그러셨구나. 이 선생님 들은 무명작가의 글도 일일이 읽어 주시는구나. 그런 마음을 가지셨기 에 좋은 글을 쓰시는구나 하고 깨닫지 않을 수 없다.

너무도 무얼 몰랐던 자신을 뉘우쳐 본다. 자신을 뒤돌아보지 않을 수 없다. 보내져 온 수필집을 넙죽 받기만 하고 인사 한번 제대로 드린 적 이 있었던지, 지금의 이 나이에도 선뜻 글월 하나 못 보내는 그런 주제 이기만 했다. 더욱이 수필집 아닌 시집, 여러 권의 소설집을 보내신 선 생님껜 감사의 글을 드리고 싶었는데 그 역시 용기가 나지 않았다.

하나하나 많은 편지들을 읽으려니 나중에 허리가 아픈 것 같아 읽던 걸 멈추고 다시 잘 묶어 보관의 길로 들어선다. 이 또한 아직 버려지긴 어려울 듯, 옷가지 같은 것, 쓰지 않는 오래된 그릇 등은 그래도 잘 버리 는 편인데 이 두 가지는 언제쯤 줄어들 것인지 가늠이 되지 않는다.

지난 시절의 모든 것들이 그 안에 존재하고 있으니 말이다. 아니면 혹 달 밝은 밤, 잠 못 이루는 밤이 오면 낭만적인 편지를 찾아 읽을까.
플라타너스 길을 하이힐 소리 또각또각 내며 걸어 보자는 친구의 편지
가 있었지, 중학교 선생님 하던 때의 그 친구의 글을.

(2011.08.)

대세

요즈음 부쩍 대세란 말이 매스컴에 많이 등장하니 이런 게 바로 대세인지. 오늘도 신문칼럼에 '바야흐로 싱글이 대세다'라는 글도 보인다. 우리가 일상에서 사용하는 수많은 단어들. 어느 것 하나 중요하지 않을까마는 그냥 무심히 쓰고들 있는데 대세는 유독 여러 가지 의미로 대두되는 듯하다. 해서 재미있는 현상이기도 할는지…. 그중 가장 영향력이 큰 것을 꼽는다면 정치적인 것에서 찾을 수 있지 아니할까. 더구나 선거철이 오면 그동안 은은히 깔려 있던 대세론도 물론이려니와 각종 여론조사기관의 지지율도 발표되고 있으니 가히 대세가 절정을 이룬다고도 할 수 있으리. 허긴 그 정치적 대세가 끝까지 이어져 유종의 미가 될는지는 모르지만 사람들은 관심을 가지니 대세는 늘 존재하는 셈이다.

이 밖의 대세도 얼마든지 있다. 연예계에서도 어느 프로그램이, 어느 탤런트가 대세라는 얘기도 자주 들리지 않던가. 스포츠도 비켜 가지 않는다. 지금은 시즌이 아니지만 지난해 프로야구 경기가 한참일 때 이런 피켓이 등장했다. '투수도 타자도 윤석민이 대세다'라고. 유명투수와 이름이 같은 다른 팀의 타자를 응원하는 글귀다. 결국 윤석민 투수는 정규시즌 MVP가 되었으니 대세가 제대로 이어진 셈이다.

그러고 보면 대세는 우리네의 어떤 유행 또 크고 작은 사회의 전반적인 일들 속에 골고루 산재해 있나 보다. '싱글이 대세다'라는 말이 나올 정도로 결혼하지 않고 혼자 살고, 출산율이 낮은 일등도 대세와 관계가 분명 있는 건지. 사람들은 어쩜 대세에 자칫 끌려 알게 모르게 영향을 받진 않을는지? 하지만 대세에 눌리기보다 넘나드는 대세를 잘 관찰하며 헤쳐 나가야 하는 시대를 살아가고 있는지 모른다. 허긴 흔히 자주 사용하는 단어가 어디 대세뿐은 아니다. 텔레비전의 우리말 달인 방송을 보면 한 번도 듣지 못했던 말들이 나와 신기할 정도다. 새로운 우리말이 생겼는지 아니면 전부터 있는 것인지. 출연자들은 용케도 잘 맞추고 있다.

단어 얘길 하다 보니 매스컴에 자주 등장하던 유행어의 예를 한번 들고 싶다. 옆으로 살짝 빠지기도 한걸…. '산다'라는 말이 '쏜다'로. '오늘 저녁은 내가 쏜다' 이리 변형되어도 어색하기는커녕 되려 애교스럽게 본다. 드라마의 대화 중 '완전'이 등장하고 '종결자'도 심심찮게 들을 수 있다. 젊은이들은 자기들끼리 주고받는 은어도 있겠지만 집에 있는 사람은 신문방송에서 오직 접할 뿐이다.

이렇듯 대외적으로 들리는 것 아니고 개인적으로도 대세를 찾아보아도 더러 있으리라. 이를테면 여중·고 여학생들의 머리가 앞머린 눈썹 덮을 듯하고 젊은 여성들의 미니 선호 등 이런 대세도 얼마든지 있다. 금년에 우리나라에 총선과 대선이 있으니 어떤 연유에서건 대세가 더욱 박차를 가하지 않을까 싶으니 기대도 되고 염려스럽기도 하다. 하지만 대세를 그냥 방관하기보다 중심을 가지고 생각하다 보면 진정한 대세를 느끼게 될는지. 근간에도 TV에서는 '왕만두가 대세다'라고 뜨고 신문엔 어느 분의 글에 '좌향좌가 대세다'란 말도 보이고, 넘치는 대세, 정녕 대세는 매력적인 단어가 된 셈일까?

(2012. 02.)

타임머신을 타고

　어느 날 뜻밖의 전화를 받으니 누군가 나를 찾는다. 누구냐고 물으니 여중 동창 이름이다. 정확히 58년 만의 소식이다. 아휴, 너 할머니 목소리네… 그는 세월을 잊어버린 모양이다. 중학 동창이던 그때만 떠 올렸던 건가. 그에게서 전화가 온건 청주에 사는 친척 아저씨로 인해서다. 아저씨는 같은 연배고 청주에 잠깐 살았을 때 친하게 지냈다. 오래전 아저씨가 부산에 왔을 때 친구 세 명의 근황을 혹 알 수 있을까 싶어 부탁드린 적이 있다. 마침 교직에 계셨기에, 그때의 부탁을 이십여 년이 넘어서 들어 주신 거다. 다행히 아저씨 후배가 교장 선생님 이어서 가능했나 보다.

　여학생 때의 친구, 너무 먼 세월의 일이다. 회상의 나래는 6·25 전쟁으로부터 비롯된다. 초등학교 상급생 때다. 전쟁이 났다는 건 어린이로서도 매우 불안한 큰일이기도 했고 피난민들을 직접 보며 더욱 실감이 드는 날 들이었다. 학교는 피난민들을 수용했고 집은 관사였는데 방은 하나만 사용하고 나머진 그들에게 그냥 내주고 창고도 고쳐서 기거하게끔 하고 공부는 뒷산에서 했다. 피난 온 아이들을 향해 이 고장의 짓 궂은 애들이 "서울내기 다마내기"라고 놀려 댔으니 정말 철없던 일이었 던 것 같다.

6·25 전쟁 다음 해, 대전으로 이사 가게 되어 관사 창고에 짐을 넣어 두고 간단한 살림살이만 챙겨 아버지 따라 이사를 갔다. 전학 가서 초 등학교를 마저 다녔다. 그곳에서 본 전쟁의 참상은 이루 말할 수 없을 정도다. 후방에서는 도저히 상상할 수도 없는 부서진 건물 집 등…. 그 때도 한창 전쟁 중이어서 국군과 연합군이 북진해 신의주 부근까지 갔 을 때 담임선생님께선 "신의주 불바다라고" 실린 신문을 보여 주시기도 했다. 그 해 처음으로 실시된 중학생 국가고시를 치르고 가교사 마룻바 닥에서 수업을 받았다. 3학년 때 청주로 가서 거기서 졸업을 했다. 그 때 여학생들도 머리에 흰 띠를 두르고 "정전반대", "신탁통치반대" 데모 를 많이 했다.

그때의 친구다. 워낙 오래되어서인지 다른 동창들은 기억이 거의 희 미한데 오직 3명만 또렷할 뿐이다. 얼굴이 예쁘던 한 친구는 서울에 살 며 남편이 외교관으로 대사도 하는 등 잘 지내며, 얌전하던 친구는 이 미 멀리 떠나 버렸고, 전화한 친구는 큰 사업가로 아직도 왕성한 활동 을 한다니 놀라울 뿐이다. 그로부터 한 번씩 전화하며 신기해한다. 어 찌 나를 찾을 생각을 했느냐고 그게 가장 궁금한 모양이며, 고맙다고도 하고. 그 옛날 친히 지낸 연유로 그 마음을 늘 잊지 않고 간직하는 것 같아 다행스럽다. 세월이 흐르고 모습도 엄청나게 변하게 되면 마음도 무덤덤하게 되기 일쑤인데 말이다.

청주에 한번 오라고. 동창들에게 네 얘기 했으니 같이 만나자고 하던 그가 결국 부산에 왔다. 미장원에서 마침 머리 파마를 하는 중에 불쑥 받는 전화다. 일행 두셋과 김해 와서 이틀 있다가 기장시장에 가서 장 보는 중인데 바로 부산에 온다고. 해운대 온다고 하니 내심 달맞이 언덕에 가서 펼쳐진 절경을 보며 차를 마시리라 여겼는데 일행과 함께 유명 복국집에 오니 거기로 오라고….

단발머리 소녀가 더할 수 없는 노년의 여인으로 변해 복국집 앞에 서 있었지만 금세 알아볼 수 있었다. 친구는 말한다. 얼굴 상위 부분은 옛 피색이 역력(?)한데 밑 부분은 좀 빠졌대나. 말은 그리 하지만 폭삭폭삭 달라진 모습에 얼마나 허탈했을는지.

근 60년이 가까워 오는 날들! 그동안 한 번도 못 만났고 편지 연락 등 무소식이었을 뿐이었는데 그래도 서로 잘 알아보고 얼마 되지 않아 이제껏 만나왔던 것처럼 웃고 얘기할 수 있으니 어찌 반갑지 않을 수 있으리. 함께 온 일행도 우리의 사연을 듣고 참 좋은 만남이 아니냐며 축하의 말도 해 주고 그중 한 사람이 회장님(친구)보다 친구분이 더 젊어 보인다는 덕담도 한다. 청주에 꼭 한번 와야 한다고 신신당부하며 그토록 길고 긴 세월 만에 만난 친구는 그렇게 떠나가 버렸다.

아무튼 수십 년 전 친구의 전화로부터 만남에 이르기까지의 일련의 일들은 어쩜 내가 TV 프로그램 "TV는 사랑을 싣고"의 주인공이 된 듯 정녕 그런 생각이 드는 꿈 같은 일이었던 것 같다.

(2012. 06.)

즐거웠던 하루

"교대부속 엄마 아잉교."

낯익은 얼굴인데 누군지 모르겠다. 그동안 만나지 못했던 여고동창인가, 아니면 이웃이었던가. 마주친 얼굴에 웃고만 있는데 그가 한 말이다.

그렇다. 교대부속 엄마! 그 당시 추첨 경쟁률 5:1을 뚫고 들어간 부속학교 학부모가 된 그때, 서른다섯 살이던 해. 아, 그 애들은 한 대를 내려와 의젓이 자신의 아이들을 키운다.

그 시절 그 학교 엄마였다고 별다른 점은 없다. 일반 학교에 다니는 아이들의 엄마와 같을 뿐이었는데 몇십 년이 지나 문득 떠올려 보니 감회가 새롭다.

멋모르게 바쁘게만 지냈던 시절이 있었다는 건 정말 아름다운 기억인가. 과거에 비해 이래저래 뒤떨어진 부분이 있다 해도 지난날을 생각하면 버팀목이 되곤 한다.

너무나 많은 날들이 흘러 어느 한 시절의 일들을 꼭 집어내어 찬찬히 떠올릴 겨를이 어디 있었던가.

　어디를 가나 고령 축에 든다. 자신은 괜찮기만 한데 주위 사람이 어려워하는 것 같아 착잡할 때가 있다. 오랜만에 만나는 사람들의 첫마디는 엄청 변했다는 거다. 당연한 일인데… 이에 비하면 그녀의 한마디는 정말 신선하게 들린다. 초등학교 학부모로 기억해 줌이 어디 그리 흔할는지.

　그는 왜 이 말을 던져 나를 설레게 만드는가. 즐거운 마음조차 들게 하는지. 무심히 한 말 한마디를 너무 확대해석하고 있는 건지. 기억의 저 먼 학부모 시절 정말 그립기만 하다.

(2012. 09.)

뒤 여인

오랜 세월을 살아가다 보면 간혹 길에서 돈을 줍는 경우도 있을 법한데 나의 경우엔 그런 기억은 없나 보다. 더러 제법 큰 돈을 주워서 주인을 찾아 주는 선행이 신문 같은 데서 보도되긴 했지만. 견물생심이라고한다. 막상 줍고 보면 얼마나 떨릴는지. 순간의 유혹이 스칠 수도 있으리라. 하지만 양심을 가진 인간이기에 그럴 수 없는 일이 아닌가.

희안하게도 꿈속에선 동전을 간간이 주워 보았다. 가족들도 어디서무엇을 주워 본 적은 별로 없는 것 같았다. 딸애가 초등학교 저학년 때 500원(지금의 화폐가치와는 다름)을 주워 마침 가까이 있는 파출소 순경 아저씨에게 갖다 주었다고 했다. 그 얘기도 수십 년이 지난 얼마 전에 듣긴 했지만.

어느 날이다. 길을 가던 내 앞에 난데없이 2만 원이 떨어져 있었다. 무심코 주웠다. 어찌해야 하나 가슴이 두근거릴 사이도 없이 "그 돈 제가 떨어뜨렸어요" 뒤 여인이 소리쳤다. 해결의 실마리가 빨리 와서 다행해하며 얼른 돈을 건넸다. 가만! 앞에 가는 여인이 돈을 떨어뜨려야 하는 게 이치에 맞지 않나. 한참 만에 그 생각에 이르게 된걸. 그 뒤 여인 참 재밌는 사람이다.

(2013. 08.)

간장

집에 손님이 오거나 명절이나 생일날 같은 그런 날엔 평소보다 성의 껏 준비한 음식들이 상에 가득하기 마련이다. 이럴 때 "여기 간장이 빠졌네"라는 말이 들리면 기분이 좋지는 않다. 요즈음 같이 건강에 유의하는 시대에 짠 것 단것은 누구나 저어한다. 환경오염, 공해 등으로 각양각색의 병도 많아지고 그에 따라 음식 습관에 대한 관심이 높다. 그 중 가장 으뜸이 짠 음식이다.

특히 우리나라 사람들은 국물이 얼큰한 탕 종류, 짭조름한 젓갈 등 맛깔스러운 걸 좋아하는데 거기에 염분이 또 많이 들어간다. 고혈압 등 성인병은 물론이거니와 위장 등 각종 병에도 직결된다는 얘기는 늘 듣는 말이다. 음식을 만들 때 얼마간의 염분으로 간을 맞추어 만드는데 구태여 또 간장을 찍어 먹어야 하는지. 이는 오래 내려온 습성이 아닐는지.

요새는 국간장이라고 하는 조선간장, 콩을 푹 삶아 둥그스름하게 또는 네모지게끔 손으로 토닥토닥 두드려 만든 메주를 새끼줄에 주렁주렁 엮어 걸거나 따뜻한 구들장에 또는 햇볕에 일정 기간 띄우던 일은 연중 가장 중요한 일이기도 했다. 그 메주들은 요즘 아이들은 집에서 구경하기 힘들다. 메주를 대량으로 만들어 파는 전문적인 곳이 많이 생겼기 때문이다.

잘 뜬 메주를 큰 독에 넣고 일정량의 물 붓고 소금 넣고 얼마간 두었다가 메주를 건져내 된장 담고 우러난 메주물을 끓여 간장을 만든다. 음식엔 간장이 어느 하룬들 빠질 수가 없다. 우리네의 할아버님, 아버님들의 밥상엔 꼭 작은 간장 종지가 놓여 있었더랬다. 심지어 제사상에도 올리지 않는가.

그 간장! 우연히 그 때문에 티격태격하는 집이 더러 있다고 한다. 주로 노년층의 일이긴 하지만. 생선 등 모든 음식을 간장에 다시 찍어 먹기 때문이다. 어떤 사람은 굴비도 자반 고등어도 간장 찍어 먹는 일도 있다니 놀랍기도 하다. 내 집도 간장 좋아하는 사람이 있다. 굴비, 자반 고등어는 아니더라도 간장 찾는 경우가 잦으니 말이다. 왜 간장을 그리 찾느냐 물어도 마이동풍. 이런 집들이 심심찮게 있나 보다.

한 세대가 내려가면 밥상 위의 간장은 과연 자취를 감추게 될런지. 서구식 음식에 익숙한 젊은이들이 많으니 그럴수도 있으리라. 경상도에선 옛날에 간장을 "지렁"이라고도 했으니 전혀 다른 어감이 아닌가. 잘못 들으면 꿈틀거리는 "지렁이"로 들을 수도 있겠다. 긍정적인 면을 찾는다면 시원하게 국 끓일 때 심심하게 국간장으로 간하고 구운 생선이나 부침개 같은 걸 살짝 찍어 먹으면 더 맛나기도 할지? 한 가지 이상한 게 있다면 간장 좋아하는 사람이 설탕도 좋아한다는 점이다. 딸기, 토마토 등을 설탕 듬뿍 찍어 먹는 것도 옛 모습이 아닌가. 그러나 설탕, 소금 등 흰 색깔 음식 첨부제가 건강에 좋지 않다고 해서 오래전부터 그냥 먹는데 아직 탈피하지 못한 사람도 많이 있다.

우리네가 가장 즐겨 마시는 커피도 변화무쌍하다. 원두커피 내려 마시는 집이 많고 일회용 믹서가 아니라 커피를 타서 먹게 되면 두세 사람도 취향이 다르다. 설탕 넣고 프림은 안 넣는다, 둘 다 넣지 마라 등등. 일률적으로 1:2:2(커피, 프림, 설탕의 배분)으로 타 내놓던 시절은 이미 다 지나갔다. 이제 그 커피는 다방 커피라 부른다. 커피의 종류도 얼마나 많은가. 아메리카노, 카푸치노, 바닐라 라떼 등. 이런 시기에 밥상에 간장 올리고 토마토, 딸기를 설탕 찍어 먹음도 개성이라면 개성일는지.

이렇듯 건강에 대한 관심이 고조된 시대에 살다 보니 자칫 소소한 것에서나마 음식이 건강에 어떤 영향을 줄까 항상 염려하는 주부의 마음을 가족이 얼마나 알기나 할런지. 나이 들어가도 간장을 선호하는 건 한 시대를 거쳐 산 사람들의 자연스런 애착 같은 것일까. 아니면 영원한 옛 생활에로의 애틋한 추억을 잊지 못해 간장 종지를 그렇게나 찾고 있는 건 아닐까. 미래의 어느 날엔가 간장 종지는 우리 식탁에서 영원히 사라질 수도 있는데… 아직은 건재하고 있는 현실이 참 아이러니하다고 할까.

(2013. 08.)

못 해 본 일들

길다면 긴 이제껏의 인생 여정 동안 특별히 의미 있는 일 아닌 그저 평범한 일들 중 못 해 본 일들이 많았다는 걸 솔솔 느끼며 지낸다. 남들이 무언가를 배우며 활동적으로 사는 걸 늘 보면서도 어찌 그리 꼼짝을 안 했을까 한번 돌이켜 본다.

예전에 아이들을 좀 키워 놓고 주부들이 먼저 시작하는 게 대개 운동이다. 에어로빅도 그중 하나다. 그 당시 주택가 입구 앞 건물 지하에 에어로빅 배우는 곳이 있었다. 가까운 이웃들이 많이 다녔다. 지나가면 음악 소리도 들리고 건물 주인이 친한 사람이기에 한번 그곳에 가 본 적도 있다. 비슷한 단복을 입고 모두들 열심히 운동한다. 그중엔 뚱뚱하게 살찐 사람이 땀을 뻘뻘 흘리고 있기도. 꼭 이 운동을 해야 하나. 왠지 내겐 맞지 않을 듯했다. 몸의 균형과 탄력 등 좋은 점이 있다는데도.

수영은 많이 하는 운동이다. 친한 친구들이 지금도 수영하는 걸 보면 차라리 부럽다. 백화점 문화 센터에도 수영장이 대부분 있다. 동리 모임에서 필리핀 여행 갔을 때 수영장 일정도 있었다. 푸푸하며 수영하는 이웃들을 보며 앉아만 있었던 게 바보스럽게 여겨진 적도 있다. 요새는 웬만한 큰 목욕탕의 냉탕도 수영하게끔 널찍하다. 그곳에서 사람들은 잠깐씩 헤엄치며 물살을 가른다. 수영을 못 배운 이유라면 겁이 유달리 많다는 데도 이유가 있다. 고등학교 다닐 때 송정 해수욕장에서 단체 해양 훈련도 했는데 물에 뜰 줄 모르는 얼마 되지 않은 학생 중의 하나였으니 말해 무엇하리.

바다 가까이 있으면서 수영도 못한다는 건… 그렇다고 바다를 싫어하진 않는다. 애들 어릴 땐 부지런히 여름엔 바다에 갔다. 튜브를 붙잡고 파도타기가 고작이긴 해도. 어디 에어로빅, 수영뿐인가. 헬스클럽도 있고 氣를 수련하는 "단" 요가 등 배울 것도 많다. 조금 여유로워지면 골프도 입문하고. 운동뿐만 아니다. 다도, 서예, 웬만한 처지의 사람이면 한번 그 과정을 거치고 싶어진다. 서예도 내겐 자신 없는 부분 중의 하나다. 딸애가 초등학교 다닐 때 어머니 서예교실이 있었다. 몇 달다녔는데 전혀 진전이 없었다. 소질 있는 어머니들은 곧잘 썼는데 그게 아니었다. 꾸준히 노력도 않고 결국 서예가 인연이 닿지 않는다고 여겼다.

좀 더 날들이 지난 뒤엔 엄마들이 한창 운전을 배우는 시기였다. 주위의 엄마들이 결국 제법 많이 배웠는데 거기서도 빠져 버렸다. 그리고 운전 배운 사람들이 컴퓨터 수업도 이수하고 컴맹에서 벗어나기도 했다. 그나마 컴퓨터는 뒤늦게 구청에서 운영하는 곳에서 기초적인 것만 배운 게 유일한 것이다. 무얼 배우고 싶은 욕망도 약하고 행동에 옮기지도 못한 채 어영부영 날들만 지낸 셈이다. 오늘에 와서 보니 한참 뒤처진 자신을 보게 되었을 뿐이다.

그동안 가만히 있으면 다행이지 마음속으로 이것저것 많이 배우는 사람들이 꼭 그래야 하는지 하는 의아심도 가졌으니. 주변에 똑똑한 주부도 많다. 능력이라고나 할까. 애들 신경 써서 키우고 자신도 그저 퍼져 있지만은 않는다. 뒤처진 건 좋은 일은 못 된다. 후회스럽지 않은 사람이 얼마나 되련만 그래도 지금껏 남 하는 것 다 못하는 처지에서나마 속으론 떳떳하게 여겼던 면도 없지 않았는데 그 당당함이 조금은 깨어져 버린 하나의 일이 있었다.

미국에서 오랜만에 죽마고우가 왔다. 내가 미국 갔을 때 워낙 친절한 안내와 대접을 받은 터라 내심 나도 친구에게 잘해 주고 싶었다. 그녀의 방한이 너무 짧은 일정이어서 이틀밖에 못 만났다. 그 이틀 동안 데리러 가고 음식점 가고 왔다 갔다 하면서 기동력의 아쉬움을 실감하지 않을 수 없었다. 누구나 다 하는 운전도 못 하고. 참 우리 집은 남편도 못 한다. 남들보다 먼저 자가용이 있었지만 운전은 기사에게만 맡겼을 뿐. 지금은 차도 없앤 지 오래다.

택시를 타고 이쪽 끝, 저쪽 끝 왔다 갔다 하려니 왜 그리 못나 보이던지. 친구에게도 미안하기 이를 데 없었다. 가까이 사는 또 한 사람의 친구(미국 친구와도 물론 가까운 친구다) 그도 나와 비슷한 경우다. 그 친구와 난 미국 친구와 택시 타고 오가며 "우리 참 못났지", "헛되이 살았지" 그 말만 여러 번 했다.

말은 그렇게 하면서도 그 친구와 나는 노년의 요즈음도 헛되이 살고 있지 않나 싶다. 사람들이 많이 가는 노래교실, 평생 교육원, 문화 교실. 그 많은 배움의 근처에 가지 못하니 말이다. 변하지 못하는 용기! 예나 지금이나 그대로의 삶이 있을 뿐이다.

(2013.08.)

원고 청탁

　한해가 얼마 전 가고 어쩜 스산한 위치의 새해 초, 정말 모처럼의 원고 청탁이란 글을 받으니 한 줄기 빛을 본 듯 따스한 마음이 된다. 등단한 문학지가 아닌 다른 문학지에서 변변치 못한 사람을 작가로 기억해주는 선생님께 감사하기도 하고.

　사실 정식으로 문학 공부를 한 적도 없고 여학교 시절 국어 선생님이 갑자기 제목을 주시며 우리에게 글을 쓰게 했을 때 잘 썼다고 칭찬을 들은 그 한마디가 어떤 계기가 된 셈인지 그 수많은 세월을 틈틈이 무지막지하게 혼자 글을 써 왔으니 어쩜 토종 같은 게 아닐까 하는 마음이 들 때도 있다. 그러나 사회생활 속에서 가질 수 있는 어떤 직업도 없고 집안일에만 전전긍긍하며 지냈으니 글쓰기는 어렵기 마련이라 늘 신경을 쓰지 않을 수 없는 부분이기도 했다.

　글제를 찾기도 힘들기 이를 데 없다. 나이가 나이니 만치 회상의 글을 자주 쓰게 되니 안일한 발상인 것도 같고… 그러나 어찌하랴. 회상이 얼마나 아름답고 살아가는 힘일수도 있다는 걸. 회상의 글을 식상하다고 지적하시는 분들도 많으시지만 그이들도 같은 마음을 겪지 않으셨으리오!

원고 청탁으로 부산한 마음이 들다 보니 저절로 글을 쓰는 나의 자세가 뒤돌아봐진다. 어떤 뚜렷한 목적도 없이 글 쓰는 습성이 되다가 늦게야 우연히 등단도 하게 되었지만 허술하게 임해 와서 부끄러운 현실이 된 셈이다. 어디를 가든 어떤 자연 앞에서든 글 쓰는 일로 끝없이 생각하지만 그에서 그칠 뿐 실행은 드물었으니. 동인지 등에 원고 보낼 땐 애초에 원고지에 썼고 이메일로 보내 주길 원할 땐 애들에게 부탁했고 언제부턴가 컴퓨터를 배워 직접 쓸 수 있으니 그 일들도 어느덧 옛일이 되기도.

욕심이 부족한지 좋은 글을 쓰는 선생님들이 부럽긴 하지만 모자란 부분이 있는 사람도 있기에 반짝 눈에 띄는 작가가 있지 않겠느냐 여기고 편히 생각한다. 한 나이라도 젊었던 시절엔 남들처럼 자존심도 가졌더랬다. 엄청난 날들을 지내고 나니 이젠 자존심 같은 건 저만치 물러가고 못난 게 딱 맞는 것 같다. 요새 어느 가수가 부른 끝부분의 노래 구절 "사랑하기 딱 좋은 나이"란 말이 있듯이 별다른 각오도 아니고 그저 낮은 자세로 글을 대하고 싶다.

글은 억지로 되진 않는다. 어떤 느낌, 감동이 불현듯 찾아오면 그때를 놓치지 않는 노력은 있어야 할 것 같다. 이렇게 모처럼이라도 원고 청탁을 보내 주는 문학지가 있는 한, 아니 설령 없더라도 조용한 나의 길은 문학이 이어 주리라.

(2014. 02.)

구식 사람

요즘 종이신문을 직접 읽는 사람은 구식 사람이라는 얘기를 들었다. 그렇게 보면 구식 사람 소리 듣기가 당연한 것 같다. 너무나 많아진 나이에 일제 강점기 시대에도 몇 년 살았고, 6·25 전쟁도 겪고 4·19 혁명, 5·16 등 현대 우리나라 역사의 산증인이지 않은가. 그런 걸 떠나서 첨단과학의 발전으로 모든 생활이 컴퓨터로 이루어지니 이를 활용하지 못하면 절로 뒤떨어지는 부분이 많기만 하다.

그래도 한때는 '신세대로 산다'는 글도 발표한 적이 있는 등 현시대를 함께 발맞추어 사는 듯한 마음도 들었지만, 곰곰이 생각해 보면 모르는 것투성이다. 컴퓨터, 스마트폰도 일부분에만 한정되어 사용하고, 모든 건 특히 신문 읽기는 구식 중 구식이 아닌가 싶다.

새벽 6시가 넘으면 현관문 살짝 열고 신문 가져오는 걸로 하루 일과가 시작된다. 전기밥솥에 불을 켜 꼽고 신문 읽기를 시작한다. 신문 읽기는 질서 있게 읽기 위해 첫 면부터 한 장씩 읽어 나간다. 그 중간에 아침 식사 준비와 식사 시간 등이 있어 중단되다가 아침 일이 끝나고 나서부터 2차 신문 읽기에 돌입한다.

점심 전엔 신문을 다 읽고 오후엔 또 다른 경제신문을 읽는다. 예전부터 항상 신문은 두 신문을 본다. 중앙지 1부, 지방지 1부. 미혼 시절부터의 습성이라 결혼해서도 그랬다. 그러나 이 시점에 경제신문은 자신과 맞지 않는 듯하지만 어쩌다 보니 경제신문은 그냥 신문 대금을 내지 않고 보게 되었다. 경제신문을 보다 보니 볼 게 많고 그냥 넘어가지 않게 되었고 애독자가 되고 만다. 경제계뿐 아니라 정치계, 스포츠 등 골고루 다 다루기 때문이다.

그렇기 때문에 신문은 나와 제일 가까운 일상이 되어 버렸고 신문 읽는 과정이 설령 구식이어도 내겐 크게 영향을 주지 않는다고 볼 수 있다. 젊은 층 아니 중장년층 이상도 컴퓨터로, 스마트폰으로 신문을 읽는다. 어디 컴퓨터뿐인가. 스마트폰으로도 가지각색 지식의 보고를 활용할 수 있는데 그것도 제대로 못 하는 부분은 정녕 구식 사람의 대표 격이 아닌가 싶다.

그래도 신문 읽기에 구식 사람이 될지언정 장점도 많다. 신문은 누워서도 읽을 수 있다. 연세 많은 이들은 누워서 신문 읽는 것도 느긋한 무엇이 있다. 구수하기도 하고 편하기에 그렇다. 다른 사람은 어떨지 모르지만 나의 경우엔 신문으로 인해 글 쓰는 기틀이 되기도 했다. 중앙지의 '손거울' 등에 짧은 글을 투고하여 게재되었고, 지방신문의 '삼면경' 란에도 쓸 수 있게 되어 내겐 신문의 역할은 지대하다고 할 수 있다.

한편으로 생각해 보면 나이 자체가 사실 구식 사람, 옛날 사람으로서의 처지니 더 무슨 말을 할 수 있으리. 구식 사람의 역할도 엄연히 있을 수도 있으니 당당히 받아들이면 되지 않을는지. 구식이면, 신식이면, 옛날 사람이면 어떠리. 자신에 맞게 마음 좋게 가지고 지내면 될 것이 아닐지. 내겐 신문은 스승처럼 많은 것을 알게 해 주니 그 이상 무엇을 바랄 수 있을까.

어떤 연배들은 눈이 침침해서 신문, 책 읽기가 힘들다고도 하는데 신문을 마음껏 읽을 수 있으니 다행으로 여기고 싶다. 건강만 유지되어 진다면 구식 사람으로서 신문을 언제까지나 열심히 읽을 것만 같다. 아련한 옛날의 그리움 같은 신문! 변하지 않는 내 영원한 신문. 앞으로 더욱 구식, 옛날 사람으로서 종이신문을 벗하며 나머지 생을 이어 가리라!

(2021. 07.)

생각 속의 글쓰기

하릴없이 지내는 날들 속에서 어제도 오늘도 생각 속에서 글을 쓴다. 글이야말로 쓰고 또 쓰는 가운데서 보이지 않는 어떤 진전이 있으련만. 글제가 잡히면 바로 쓰지 않고 장고에 들어간다. 무엇이 두려워 그리 머뭇거려지는지. 세월 흐르는 것에 너무 마음이 다다르는지. 어떤 형태의 글로 소화시켜 내놓아야 하나, 얼마나 더, 무엇을 더 생각해야 하는지 깊이 사고해 봐도 더 이상 반짝이는 무엇이 있을 리 만무하다. 몇 달을 한 가지 글제에 맴돌기도 한다. 생각은 길기만 한데 막상 쓰는 막다른 골목에 다다라서야 쓴다고 허둥댄다.

그것이 자신의 현주소인가. 사람의 성격 탓인가. 아니면 오래전부터의 습관화된 어떤 단면인가. 머나먼 학창 시절 땐 시험공부도 미루고 미룬다. 평소에 다져 놓을 생각은 하지 않고 시험 날이 코앞에 닥쳐야 후다닥 해치우던 그런 형태가 글쓰기에도 남아 있는지. 어쨌든 이런저런 생각 속의 글은 다양하긴 하다. 만일 어느 날짜까지 글을 써야 하는 기일이 정해지지 않으면 언제까지 생각 속의 글로 존재할 것인지. 이는 어리석은 일이 아닐는지. 하긴 그 많은 지난 날들이 과거의 일로 생각 속에만 가득 차고 새로운 지식은 도무지 터득할 기회는 멀리 있으니 명색 구석진 위치에 있는 등단 작가라 해도 그 면모가 무색해진다.

그 생각 가운데서도 슬며시 고개를 들이미는 한 가지 화두도 은근히 자신을 괴롭힌다. 아! 생각 속에서 너무 긴 시간을 머물고 글을 그리는 이 자세에 머문다면 차라리 멈추어 봄이 어떨까 하는 화두다. 나이 그득한 사람이 더 어떤 것을 얻으려 하는가. 저 먼 지난 세월의 기억만 가득한 이들의 생각에 어떤 대단한 무엇이 그려질지도 의아스럽다.

생각 속의 글쓰기는 이런 면을 주저스럽게 한다. 모든 것을 내려놓아 보는 게 어떨지. 노력이 부족한 힘 없는 글은 이만 접어야 하지 않을까. 설령 오늘날 100세 시대라 해도 더 젊은이들에게 글 쓰는 기회가 간다면 패기 찬 글이 나올 것이다. 나이 지긋한 글 쓰는 분들이 스스로 글쓰기를 그만하는 일은 바람직한 일이 아닐지. 끝도 없는 생각 속에 헤매지 말고 훨훨 벗어나는 것도 한 가지 방법일지도 모른다.

학창 시절에 시작한 글쓰기? 무슨 일만 있어도 쓰고 써 오던 글쓰기가 생각 속에서 머물기를 좋아할 즈음이면 조용히 떠나야 하는지. 비록 자신과 멀어지는 일이 괴롭고 허전하다 해도 한 번은 짚고 넘어가야 할 일이 아닐지 모른다. 사물을 관조하며 느끼는 바를 문득 쓰고 싶은 드문 마음이 불쑥 든다 해도 참아야 함이 자신을 지켜 줄 무엇일지. 어쩜 생각 속의 글은 나 홀로 친구처럼 내 곁에 영원히 있으면 괜찮을는지.

꼭 글로 옮기지 않아도 자신을 조용히 조언해 주는 하나의 길이 될지도 모른다. 생각 속의 글은 결국 마음을 비우는 걸로 귀결되려나 보다. 세월 앞에서 자신의 현주소를 보며 생각 속의 글 속에 조금만 더 머물러 본다.

(2021. 07.)

평창올림픽 회고

다시 올림픽 시즌이 돌아왔다. 코로나로 인해 지난해에 개최 예정이었던 도쿄올림픽이 올해 열리게 되었다. 스포츠 경기 시청을 즐기는 나로서는 또 하나의 일상의 즐거움이 추가되는 반가운 소식이다. 코로나로 외출을 할 수 없는 요즘, TV로 올림픽 현장의 긴장감을 느낄 수 있으니 개막이 무척 기다려진다. 그리고 보니 3년 전 열렸던 평창올림픽의 감동이 지금도 생생하게 남아 있다.

2018년 2월 우리나라에서 지구촌 축제인 평창 동계올림픽이 열렸다. 1988년 열린 하계 서울올림픽이 30년 전이니 내 생전에 볼 수 있는 올림픽이 되지 않나 싶어 숙연한 마음도 들고 설레는 기분도 되었다. 30년 전 그때도 결코 적지 않은 나이였으나 세계적인 유명 선수들의 활약상을 신문에서 오려 스크랩도 해 놓는 등 관심을 많이 가졌었다. 하계올림픽은 낯익은 경기 종목이 즐비하지만, 안방에서 열리는 동계올림픽은 모르는 종목이 많아 놀라웠다.

겨울 경기로는 스키가 주를 이루고 우리 선수들의 활약이 두드러진

쇼트트랙, 김연아의 피겨 스케이트, 8년 전 이승훈, 이상화, 모태범이 금메달을 목에 걸어 국위를 선양했던 스피드 스케이트는 알았지만, 그 외는 거의 몰랐던 게 사실이다. 너무나 생소한 경기가 많아 틈틈이 보며 종목 이름을 적어 놓기도 했다.

그 많은 종목의 시설을 건립하는 일도 보통 일이 아니듯 그 일들을 다 해냈다는 현실은 대단한 열정과 함께 우리나라의 힘이 느껴진다. 보통 사람들은 상상도 못 할 그 엄청난 행사를 기획하고 삼수 끝에 그 길을 이행했던 많은 이들의 능력은 뭐니 뭐니해도 대단하다고 아니 할 수 없을 것이다. 어마어마한 설경에 어우러진 그 광범위하고 멋진 시설물들을 건립하느라 얼마나 많은 힘과 노력을 기울였을까 생각해 본다. 각국에서 온 선수들의 활약상은 과연 인간으로서 할 수 있는 한계가 어디까지인지 생각하게 만들며 그들의 노력과 열정에 탄성을 자아내게 한다.

루지, 스켈레톤, 바이애슬론, 스노보드 등등 이름도 생소한 경기들의 그 놀라운 스피드와 묘기는 가히 신의 영역인 듯하다. 스키는 예부터 깃발을 빠르게 돌면서 내려오는 걸로 알았지만, 이번에 보니 경기장 시설물도 다 다르고 공중에서 몇 바퀴 돌고 내려오는 점프 묘기도 대단하다. 두꺼운 옷들로 무장한 관중들도 경기장마다 꽉 차 있으니 그 모습도 볼만하다. 세계 각국에서 모인 선수들, 코치진과 외국인 관중들, 그들은 동계올림픽의 주인공들이다. 고액의 입장권이지만 그 장면들을 놓치지 않으려 찾아오는 사람들도 대단한 사람이며, 최선을 다하는 선수들의 모습은 정말 진실되고 아름다운 모습들이다.

금, 은, 동의 메달과 그 뒤를 잇는 순위에도 관심을 가지며 올림픽을 준비하는 그들의 노력은 피와 땀의 결정체가 아닐 수 없다. 한 종목의 경기 선수가 되어 올림픽 꿈을 키우며 노력 또 노력하는 그들의 열정과 결실은 우리 모두를 감동시킨다. 쇼트트랙에서 금메달, 윤성빈의 스켈레톤 금메달은 온 국민이 기뻐하고 축하한다.

금메달뿐이 아니라 은, 동메달도 얼마나 힘든 노력인가를 여실히 증명하듯 감동 그 자체다. 올림픽 시상대에 서서 자리매김하는 일이 어찌 아무나 할 수 있는 일이리. 그러기에 온 국민이 열광하며 기뻐한다. 그리스에서 성화가 인화되어 세계 각국을 거쳐 수많은 성화 봉송자들이 그 불을 치켜들고 산 넘고 바다 건너 꺼지지 않게 옮겨 성화대에 불을 밝히는 개막식에 이르기까지의 그 과정 또한 열과 성의 결정체다. 개막식의 장관은 우리나라의 힘이 느껴지는 서막이기도 하다. 어쩌면 한시도 조용한 날 없이 각을 세우는 우리네 현실이 무색하기도 한 듯하다. 우리의 국력은 알게 모르게 높이 올라가 있지 아니한가.

우리 주변엔 재능 있는 인재들도 많고 국력 신장에 최선을 다했기에 동계올림픽으로 표출되지 않았나 싶다. 세계인의 표정들도 진지하면서도 친숙했다. 스포츠로 하나가 되는 순간은 올림픽이 정점이 아닌가 싶다. 집에 편히 앉아 우리 선수들의 활약에 가슴 태우면서 세계 선수들의 각종 경기 중계를 보며 어떤 경기의 룰은 어떤 것인지 볼 수 있는 것 또한 관심을 가지고 봐야 할 일들이기도 하다. 우리나라는 금 8,

은 4, 동 8개로 4위가 목표라 했지만, 목표가 어긋나면 어떠하리. 그 열정과 성의를 다함에 존중하고 함께 기뻐하고 아쉬운 맘을 가져 보는 것도 국민으로서 도리가 아닌가 싶다. 그만큼 동계올림픽을 개최하는 일 자체로 어느 정도 궤도에 오른 국력이 자랑스러움을 느끼게 한다. 많은 것을 느끼게 해 준 우리의 평창올림픽 소회를 차분히 글로 이렇게 한 번 적어 보며 가슴속에 간직해 두고 싶다.

(2021. 07.)

친구들

　한해가 지나고 계절은 바뀌고 걷잡을 수 없는 날들의 흐름 속에서 한 번씩 친구들 생각에 잠길 때가 부쩍 많아진다. 친구들이란 싱그러운 글자에 맞지 않게 변하고도 변한 모습들이 떠올려지면 말이다. 그 많은 시간은 언제 다 지나가 버리고 자신도 모르게 어느덧 고령이 되어 살아가는 친구들. 그들은 정말 현대로 오는 우리나라 격동의 시대를 묵묵히 살아온 산증인들이기도 하다.

　일제 강점기 말에 태어나 해방을 맞고 초등학교 땐 6·25 전쟁도 겪는다. 어린 시절이라 어렴풋이 기억나지만, 학교 공부도 이곳저곳 옮겨가며 해야 하는 사정에 처했으니 당시의 상황은 얼마나 긴박한 순간들이 아니었나 싶다. 그 시절 커다란 동정을 단 위 저고리, 길쭉하고 펑펑한 한복을 입고 친구 몇이 사진관에서 명함판 사진 찍은 것이 남아 있어 신기하다.

　전쟁 중에 중학생이 되고 단발머리 교복 입고 사귄 친구들, 그 시절의 친구들이 평생 친구로 자리매김하는 경우도 많다. 그러고 보면 그 어렵고 다사다난했던 시절을 잘 헤쳐 나왔던 친구들이 아니었나 싶다. 일일이 어찌 다 열거할 수 있으리. 고생과 기복이 어찌 없었겠는가. 그 긴 세월 고뇌 또한 얼마나 깊었으리. 그래도 그 가운데서 친구들은 여태껏 우정을 이어오며 서로를 보며 살아오지 않았는지.

학창 시절의 낭만은 또 잊을 수가 없다. 지금도 그때의 편지들을 보면 가슴이 찡하다. 고령이 되면 눈도 작아져 하나같이 작은 눈을 가지게 되는데 편지는 다르다. '눈이 큰 친구에게'란 제목으로 보내온 편지도 있으니 말이다. 플라타너스 잎이 양쪽으로 늘어서 있는 아스팔트 길을 해질녘에 걸었다는 얘기도 있다. 음악실에 몇 시간 앉아 고전 음악을 들으며 우리의 이상과 희망을 그려왔던 사랑하는 내 친구들. 그렇게들 만나며 하루, 하루를 지내 온 연륜은 우리를 훌쩍 고령의 여인으로 만들어 주고 만다.

이 또한 꿈같은 얘기다. 서로를 보며 얼마나 서글픔을 느끼고들 있을까. 왜 사람은 변해 버린 모습이 되어야만 하는지. 인생의 길이 왜 담담한 마음을 들게 해 주는지. 이제는 자식들도 중년의 나이로 진입하니 자신의 나이는 뒤로 하고 자식들 연륜이 쌓여 간다는 것이 안타깝기만 하다. 그리도 짬짬이 만나던 친구들도 요 몇 년 잘 만나지도 않게끔 뜸해지고 건강 또한 많이 허약하다. 몸 여기저기 고장도 나고 성인병 한두 가지는 지니고 있어 약 타러 가는 건 일상의 일이다. 큰 병 지니지 않으면 다행일 뿐이다.

아! 그리고 가까이 지내던 친구! 더구나 한 동네서 살던 친구가 멀리 멀리 떠나가면 인생의 공허감이 얼마나 큰지 모른다. 친구들, 마음속의 친구, 기억 속의 친구는 아직도 해 맑은 모습으로 자리해 있는데 고령의 친구는 어떤 의미로 볼 수 있을는지. 어떤 모습으로 살아야만 하는가에 대한 여러 조언들도 있지만 너무 그에 귀 기울인들 무엇하리. 세월은 엄청 흘렀고 그 세월을 통해 알게 모르게 각자만의 노하우는 제각기 터득했을걸. 그걸 소중히 지키며 사는 것이 어떨지.

친구, 잊지 못할 친구들. 우리 비록 지금의 위치가 되었지만 기본 마음 변치 말고 살아가는 태도를 갖자. "변한 모습도 당연하게 받아들이고 당당해지자"라고 말하고 싶다. 친구들. 그 시절에 가 보던 우리 부산의 남포동, 광복동도 같이 가 보고 싶고 참 오래 못 가 본 태종대도. 내 친구들, 오늘의 건강은 우리를 지켜 주는 유일한 버팀목임을 늘 잊지 말고 따뜻한 마음으로 지내자. 젊은 기분으로 파이팅 한번 해 보지 않을래.

(2021. 07.)

신발

아파트 현관의 신발장에는 아직 굽이 있는 구두가 많이 있다. 오랫동안 신지 않은 신발들이다. 다른 연배들보다 엄청 늦게까지 외출할 때면 구두를 신어야만 나갔다. 저 먼 대학 시절엔 하이힐을 신고 등교하기도 했다. 하이힐 신었던 날들이 가끔 그리워지곤 한다. 가장 친한 친구와 동래서 온천장에 이르는 길의 가로수가 잎이 큰 플라타너스 나무였는데 아스팔트 위를 해질 무렵 하이힐 소리 또각또각 그 길을 걷기도 하며 젊음의 시간을 보낼 때도 있었다. 그 친구는 지금 요양원에 있는 중이라 만나지 못한 지 오래된 날들이다.

세월의 저 먼 저편에 쭈구 구두도 있었다. 그 구두는 편한 신발이었다. 제법 나이 들었던 어느 땐 사스(SAS) 신발이 대유행이었다. 미국 갔을 때 그 신발 공장에 가 본 적도 있었다. 남편과 한 켤레씩 사 가지고 왔는데 남편은 어느 장례식장에 그 신발을 처음 신고 갔는데 누군가 그 새 신을 신고 갔고 헌 사스 신발을 남겨 두고 가서 그걸 신고 돌아오며 투덜거린 기억도 있다. 사스 신발은 낮은 굽으로 편하기 이를 데 없다고 주부들이 많이들 신었다. 그러나 그때도 나는 굽이 있는 구두를 신었다. 하긴 키가 작은 편이니 그 영향도 있긴 했지만. 굽 있는 구두를 신어야만 허리가 쫙 펴지는 듯 당당하게 걸어지는 듯하여 구두는 나의 필수품이기도 했다.

손주를 보고 할머니의 위치가 되어서도 구두는 나를 떠나지 않았다. 친구들에게서 아직도 높은 구두를 신고 다니느냐는 말도 더러 듣기도 했다. 나를 떠나지 않던 그 구두가 언제부터인가 조금씩 거리를 두기 시작한 일이 생기기 시작했다. 집에서 얼마 멀지 않은 공원에 산보 갔다가 마음 놓고 걸어오다 넘어지는 일이 발생했다. 너무 아파서 다음날 정형외과에 가니 무릎에 금이 갔다고. 그날부터 치료를 받는데 병원에서 고맙게도 휠체어를 빌려 주어 약 두 달 동안 남편이 휠체어를 밀어 주며 병원을 다녔다. 그 불편함이야 이루 말할 수 없었다.

그 뒤부터 이럴 나이라 이런 일이 생기나 싶어 신발의 의미와 중요성을 알게 되어 굽이 있는 신발을 되도록 저어하기로 했다. 그래도 당장은 굽이 거의 없는 낮은 구두를 신고 다니다 집에서 한 번 또 넘어지고부터 아예 구두와 결별 수준에 이르러 운동화 쪽으로 눈을 돌리게 되었다. 드디어 나이가 들어 구두와 멀어지나 싶어 마음이 울적한 적도 많다.

운동화 신고 다니니 편하긴 하지만 내 모습이 초라해 보이는 건 어쩔 수 없다. 그래도 이제는 계단을 오를 땐 난간이 있는 편이 낫고 난간이 없으면 다리가 떨리는 듯 조심스럽고 언제 기력이 이리도 떨어졌나 싶다. 세월은 나를 구두도 못 신게 만들었나 싶어 원망스럽다. 구두 신던 시절은 이제 기억 속으로 가 버린거나 진배없나 보다.

구두의 정점이라면 역시 하이힐. 부지런히 신었던 하이힐. 타이트 스커트에 블라우스 하나 달랑 입고 하이힐 신고 씩씩하게 걸었던 나의 젊었던 시절이여! 이제는 빨간 운동화도 마다하지 않고 신고 다니는 고령의 여인으로 변모한 자신이 있을 뿐이다.

(2022. 02.)

추천 연도

　얼마 전 작가회 사화집이 우송되어 왔다. 두툼한 두께에 왠지 모를 권위가 감지된다. 결코 적지 않은 늦은 나이에 문학지에 추천된 지 어언 30년이 가까워진다. 한 장 한 장 대략 넘겨 보니 같은 연도에 등단한 몇 분 선생님이 계신다. 추천 초창기엔 문학회에서 세미나라도 개최할 때면 부지런히 참석했으나 부산 선생님 말고는 개인적으로 인사 교류는 없는 분들이시다. 공교롭게도 그중 두 분 선생님께서 며칠 사이에 근래에 상재한 작품집을 보내 오셨다.

　추천 연도가 같으니 연세도 엇비슷해서인지 우리나라 격동기 동시대를 살아오신 환경들이 속속들이 이해되는 부분이 많았다. 일제 강점기 말기에서부터 일제로부터의 해방, 민족상잔 6·25 전쟁의 참상도 자세히 언급하시고 우리 정부에서의 민주화 운동, 심지어 어린 시절부터의 학제도 세세히 한 분 선생님은 기술하셨다. 꼭 한 편의 소설을 읽듯 당시 주변의 일들을 일목요연하게 기록해 두셨는지 기억이 대단하신 듯 싶고 깊은 통찰력이 있으셨다는 점을 알 수 있었다.

기억에 대해서 자신의 경우를 잠깐 떠올려 보면 해방되던 해 같은 나이의 친구들은 국민학교 1학년이었지만 나는 미취학 상태였고 해방 후 취학하는 과정에서 부모님께서 바로 2학년으로 취학시켰기 때문에 내겐 1학년이 아예 없었다는 것과 중학교 들어갈 때 당시 전쟁 중이었으나 처음으로 국가시험을 쳐서 중학교에 들어간 기억은 또렷하다는 정도랄까. 그때 점수가 300점을 넘어 높은 점수를 받았던 일도.

어쨌든 같은 추천 동기 선생님들은 고령의 연세에도 불구하고 진실되고 깊은 마음이 돋보이심은 물론 글도 많이 쓰시고 어긋남이 없는 노년의 삶을 잘 영위하고 계신 듯하여 같은 해 추천된 사람으로서 모자람이 많기만 해 반성이 된다. 그뿐 아니라 사화집에 작품이 수록된 모든 작가분들도 훌륭한 글을 많이 쓰시는지를 느낄 수 있었다. 코로나 시대에 외출도 힘드니 단숨에 사화집을 다 읽을 수 있었다.

책을 읽다 보니 어느 작가가 몇 년도에 추천이 되었음이 꼭 적혀 있다. 어쩜 작가의 첫 이력이기에 그러하리라. 반드시 밝혀야 할 추천 연도가 높아가는 건 내겐 부끄러운 부분이 아닌가 싶다. 그 긴 날들 동안 제대로 된 글을 쓴 적이 있었던가. 추천되었던 그때 소중하게 간직한 초심을 그대로 흘려보낸 게 아니었던가. 남들처럼 작품집도 제대로 못 내고 항상 망설이기만 하고.

그러나 등단 연도는 앞으로도 오를 것이기에 그에 따른 회한도 적지 않으리. 하지만 언제까지 움츠리고 있기엔 흐르는 시간들이 너무 아까울 것 같은 마음도 들긴 한다. 아니면 등단 연도, 그에 연연하지 말고 힘과 용기를 가지는 그런 연도로 탈바꿈하면 어떨지. 자신과 영원히 함께 할 수가 있다면, 그것이 글쓰기라면 기꺼이 생각하리라. 등단 연도의 의미를.

(2022. 02.)

그만두어야 할 때

"이제 나이도 있고 힘들기도 하니 그만 쓰세요", 가까운 두 사람으로부터 근간에 들은 말이다. 영원한 나의 일이거니 여겼던 게 정녕 그리 보였던 것인가에 대해 한 번 생각해 봐야 할 것 같아 뒤돌아보게 된다.

사람은 모든 일에서 언젠가는 그만두어야 할 때가 있을 것이다. 오랜 직장생활에서 물러날 시점, 정년퇴직, 명예퇴직도 있다. 다니고 싶어도 권고사직을 받을 때도 있다. 운동선수는 스스로 은퇴를 저울질할 날도 올 것이고, 높은 지위에 있던 사람도 언젠가는 물러나게 된다.

사실 글쓰기는 마음은 가득하나 어려운 일임에는 틀림이 없다. 어떤 정년이 있는 것도 아니다. 힘든 일이지만 항상 희망적인 의욕이 되기에 자신이 쓸 수 있을 때까지 무한한 시간을 함께해 주리라 여겼던 게 사실이다. 어찌 두 사람뿐이겠는가. 또 다른 사람들의 시선도 별다르지 않을 것 같다.

겉모습과는 맞지 않게 철없는 감상에 젖는 일들은 스스로 생각해도 전혀 어울리지 않는다고 여기지 않았던가. 유명작가로 있는 분이 절필을 선언하는 일들이 간혹 있다. 그분들은 그런 결정을 내리기까지 많은 생각을 하셨으리. 그런 일과는 거리가 있지만 쓰고 싶은 느낌이 불현듯 오게 되면 글을 써야 한다고 생각하고 있었나 보다.

그리고 보면 햇수로 수십 년을 글과 가깝다고 여기며 살아오면서 눈에 띄는 작품 하나 발표도 못 한 채 이 말을 듣는구나 싶어 허전한 마음도 든다. 연배들과 하는 얘기 중 어디 가면 제일 위쪽으로 보이고 그래서 행동거지가 더 어렵다고들 한다. 그러니 상대방들도 더 높은 연세인 이를 대하고 있으면 얼마나 불편하고 조심스러운 게 아닌가 싶으니 이해가 되는 일이다.

마음은 어디를 가나, 누구를 만나나 똑같고 얼마든지 어울릴 수 있는데 나이라는 장벽 앞에 한 번씩 가로막혀 주눅이 든다. 나이도 있고 힘든 일임엔 틀림이 없는 조언도 진심 어린 내용의 말이거니 여기니 애틋해진다. '박수 칠 때 떠나라'는 말이 있지만 어렵지 않을는지. 허긴 박수받은 적 없는 글쓰기지만 조금씩 조금씩 그런 생각도 해 보리라.

(2022. 07.)

살던 동네

초가을 비가 내리는 날 살던 동네를 가 본다. 계획에 없었던 혼자만의 한 시간 남짓 본 살던 동네는 정말 옛날 그대로다. 도시계획으로 집 밑으로 지하도로가 생겨 집이 있던 곳까지는 못 갔지만 그 부근의 작은 찻길로 높은 건물이 없는 고만고만한 건물들, 막내가 다닌 초등학교, 그 건너편 엇비슷이 있는 은행, 음식점들, 낯익은 거리다.

결혼 후 가장 오래 살았던 그 동네서 30년 가까이 살며 애들 키우고 공부시키며 결혼까지 시킨 영원한 마음의 동네다. 추적추적 내리는 비에 우산을 쓰고 회한에 젖어 여기저기 거리를 누비며 보고 또 본다. 급기야는 늘 다녔던 슈퍼에 들어가 본다. 추석이 가까워서 그런지 식품, 과일 등이 가득가득 쌓여 있다. 거의 매일이다시피 들락인 곳이다. 상가 옆 빵집도 여전하다. 빵을 유달리 좋아해 수시로 가기도 했다. 빵집 밑엔 맛있는 우동집도 있었지. 길 건너편 시장의 통영 생선을 팔던 단골집은 아직 있을까.

누구에게나 살았던 동네는 있으리. 좋은 시절도 많았고 고뇌의 시간도 있었겠지. 그 모두가 다 저 멀리 있고 세월의 흐름만 절실히 다가온다. 시골길도 개발되어 엄청 변하고 변두리에 아파트가 즐비하게 들어서 살던 곳이 깡그리 변한 곳도 많은데 내가 오래 살던 이 동네는 그대로의 모습들이 간직되어 있다. 그러기에 낯익고 따스하다. 아! 살던 동네는 결코 나를 외면하지 않았다. 그 길지 않은 시간, 빗속의 그 소중한 시간에 반가운 이웃 사람도 만났으니. 그와는 같은 모임에도 있었다. 슈퍼로 가는 길이라고 했다. 거리도, 슈퍼도 있고 이웃 인연도 이어진 듯하고, 그래도 살던 동네는 안타까움, 아쉬움 속에서 묵묵히 나를 만나 주기만 한 걸까.

하필 비 오는 날 살던 동네에 와서 주어진 시간을 보내게 된 사연이라면 사연이 있다. 강산이 여러 번 변했지만 살던 동네의 거리는 그 틀에 큰 변화는 없듯이 이곳을 향한, 이곳이라기보다 살던 동네 목욕탕에 있던 이발소를 향한 마음이 변하지 않은 한 사람이 있기 때문이다. 살던 동네를 떠난 지도 오래된 긴 날들도 마다하지 않고 이발 그 한 가지 일을 보기 위해 해운대서 온천2동으로 찾아간다. 그 사람은 나처럼 살던 동네를 그리워하는 그런 맘은 별 없어 보인다. 오직 이발 하나 마음에 든다고 전에는 지하철을 갈아타고, 요사이는 버스가 내려서 덜 걷는다고 버스를 탄다.

제발 집 가까운 곳에서 이발하라고 옮기라고 해도 막무가내다. 머리만은 마음에 드는 데서 해야 한다나. 가끔 함께 가서 이발하는 동안 부근 백화점도 들리고 살던 동네 기웃거릴 틈도 별 없었는데 비 탓이었을까. 비는 확실히 노년의 사람에게도 어떤 실루엣을 던져 주는 건지.

살던 동네를 보며 옛날을 그리워해 본 시간, 그러던 중 크게 변하지 않는 살던 동네, 그리고 수십 년을 한 사람에게 머리를 맡기는 끈질긴 연을 이어오는 사람, 어떤 공통점이 있을 듯한 살던 동네! 언제 회상해도 그립기만 한 기억들과 함께 변하지 않는 거리는 또 하나의 마음의 거름으로 자리매김하듯 소중한 시간이 되지 않았나 싶다.

〈에필로그〉

살던 동네를 찾아 윗글을 쓴 지도 적잖은 날들이 흘렀나 보다. 이발하러 다니던 사람은 요새 인기 트로트 가수가 부른 찐! 찐! 찐! 할아버지가 되어 거동도 불편해 살던 동네의 이발에서 멀어졌다. 그 좋아하던 이발을 하러 가지 못하고 같이 늙어 가는 이 할머니가 두 달에 한 번 조그만 가위로 깎아 주는 데 만족해야 한다. 이발 할머니! 세월은 어쩜 이리도 흘러 이발 할머니로 거듭난 나를 본다.

(2022. 07.)

오해와 진실

그토록 오랜 세월 동안 길게 이어져 오던 오해는 한동네 사람들의 모임에서 비롯된다. 요즘같이 살벌하지 않은 이웃 사람들이었는지 나이 차이도 얼마 나지 않는 이웃들로 열 집 남짓의 부부 모임을 조직한다. 그 회 이름을 '금정회'라고 지었다. 집 뒤 멀리 보이는 산이 금정산이기에 그리했던 것 같다.

한 달에 한 번 차례를 지키며 집에서 모임을 가진다. 인원수가 많기 때문에 남녀 따로 두 방에서 손님을 치른다. 저녁 식사에 남자분들 방엔 약간의 술도 곁들이니 술안주도 준비하는 등 제법 상차림 음식이 가득하다. 어떻게 다 해냈는지 회상해 보면 정말 믿기지 않는 일이다. 요즘은 회식 모임, 잔치 등 모두 음식점에서 하지 않는지.

회원 중엔 관광회사를 운영하는 분도 있어 가끔 이곳저곳 관광 여행도 하며 친목을 도모하기도 했다. 총무를 담당하는 사람을 두고 그분이 회원 간 연락도 하며 소소한 일을 한다. 회원 중 H사장님은 소탈하시고 유머스러운 이다. 오해의 주된 제공자는 그분이다.

당시 이 동네는 시에서 택지를 조성해 분양했는데 비교적 집터가 널찍해 큰 집도 더러 들어서기도 한 동네다. H사장님은 사업을 비교적 탄탄하게 운영하셨다. 어느 날 모임을 마치고 집에 온 남편이 웬 고급시계를 샀다며 뜬금없이 내게 준다. H사장님이 소개해서 사게 되어 세 사람이 샀다고 했다. 시곗줄은 가죽으로 되어 있었으나 18k 줄을 맞추면 된다고 한다.

그분 말대로 시내 나가서 줄도 새로 한다. 노란 시계와 금줄! 그 시계를 차고 나가려니 조심스럽기도 하다. 언제이던가 버스를 타고 가다 시계를 잃어버린 적이 있던 기억 때문이다. 팔목이 살짝 꼬집히는 듯하더니 시계가 없어졌다. 그 뒤부터 시계는 되도록 착용 안 하기로 했는데. 시계를 산 사람 중 한 사람은 시계를 되돌려 준다. 시내 나가서 감정을 했더니 가짜라고 해서 H사장님께 돌려주었다고 했다. 나머지 두 사람은 되돌려 줄 용기도 없고 줄까지 만들었으니 울며 겨자 먹기로 자기 시계가 된다.

중요한 외출이 있을 때 손목에 차고 다니면서 누가 묻든지 하면 제대로 말 못하고 개운치 않은 어떤 마음이 항상 따라다니는 둥 그렇게 강산이 여러 번 바뀌며 날들은 간다. 남편은 어쩌다 그 시계를 보면 H사장이 어찌 그럴 수가 있냐고 여러 차례 말한 적 있으나 씁쓰레 웃으며 지냈을 뿐.

사람이 살아온 경험에 의하면 어떠한 억울한 오해는 날들이 한참 지나고 보면 저절로 풀리게 되는 경우도 있다는 걸 느끼는데 수십 년 이어 온 시계로의 오해는 엉뚱한 곳에서 벗어나게 된다. 그 시계가 진품이었다는 것을 알게 된 것이다.

왜 우리 부부는 그리도 우둔했던가. 오랜 오해 속에 전전긍긍했으면서 그냥 그대로 진실은 외면한 채로 지냈는지. H사장님께 정말 죄송한 마음뿐이다.

(2022. 07.)

이런 사랑

세상에서 가장 아름다운 단어는 사랑이 아닐는지. 젊은 시절 세계적인 대문호의 문학작품에서, 그 옛날 이름난 대 배우들이 출연한 명화에서, 우리는 가슴 울리는 사랑으로 얼마나 많은 감동을 받으며 한 시절을 보내지 않았던가. 세월은 엄청 흐르고 사회적 모든 여건은 눈부시게 발전된 오늘날이지만 아름다운 사랑, 슬픈 사랑 등을 쓴 책, 명화는 왜 지금보다 더 생생한 기억으로 거듭나는 걸까.

밤을 지새우다시피 문학 서적을 읽고 친구들과 그 멋지고 유명한 배우들이 출연한 명화를 조조할인으로 관람하던 일은 허다하지 않았던가. 책 속에서, 명화에서의 사랑은 젊음의 상징인양 마음을 뒤흔들게 하지 않았던가.

작가회 동인지 공동 글제가 사랑이라는 말을 듣는 순간, 그 옛날 문학작품, 영화가 먼저 떠오르고 너무나 광범위한 사랑 중 하나를 꼭 집어 말할 수 있는 사랑이 내게도 있긴 했는지. 우리 주변의 사람들도 어떤 사랑들을 이루었는지 생각만 끝없이 이어진다. 글제로 인해 이토록 장고에 들어가 보기도 드문 일이라 과연 사랑이 힘 있는 단어가 아닌가 싶다. 오랜 시간이 지나고 서서히 떠오르는 건 평범한 내가 받은 최고의 사랑, 남다른 사랑을 발견하게 된 것이다.

나이 밝히기도 쑥스러운 80이란 고령을 넘어서 이런 사랑이 내 인생의 최고 사랑임을 깨닫는다. 일제 강점기로부터의 해방, 민족 상쟁의 비극 6·25 남침으로 인한 격동기에 철딱서니 없는 생활 속에서 덤벙거리며 사랑받던 그 시절의 이야기를 떠올려 본다.

당시 우리 주변은 정말 생활하기 어려운 여건이었는데 친가, 외갓집 사정은 그리 나쁘지 않았고 부모님은 양가의 장남, 장녀로 결혼하셨기에 제일 위로 손녀가 바로 나였다. 당연히 양가 1순위다. 사랑받는 나였고 엄마는 '희야네'로 불리며 지내신다.

해방이 되고 초등학교에 들어갈 때도 집 가까이 있는 학교에 가지 않고 기차를 타면 한 정거장, 아니면 전차를 타고 가는 학교에 입학한다. 마침 이웃에 고학년이 그 학교에 다니기에 잘 데리고 다니라고 부탁까지 하면서. 외가에는 이모 두 분이 특별히 나를 이뻐하고 멀리 떨어져 있지 않은 동네에 이모할머님 두 분도 계셨는데 나는 그분들에게도 기쁨을 주었다. 학교에서 소풍을 가면 외갓집은 말할 것도 없고 이모할머님 댁에도 꼭 들린다. "낼 소풍 가요" 하면서 벼슬이라도 한 듯 으쓱거리면 "아휴, 아휴, 잘 왔다" 하시며 용돈도 꼭 주신다.

6·25 전쟁이 난 다음 해에 우리 집은 아버지의 전근에 따라 관사 창고에 짐을 맡기고 대전으로 이사 간다. 대전은 부산 후방에서 몰랐던

전쟁의 참상이 많아 건물도 부서지고 어지러운 환경이 펼쳐져 있어 얼마나 놀라고 무서웠는지 모른다. 학교는 거의 육군 병원이 되어 있고 학교에서도 공부 못하고 이리저리 옮겨 다니며 공부했고, 어떨 땐 제사 공장, 목욕탕 하던 곳에서도 수업을 하며 초등학교를 졸업했다.

그해 처음 실시한 국가고시를 치르고 들어간 중학교도 가교사에서 책걸상 없이 수업을 한다. 집에서 아버지께서 나무로 뚝딱뚝딱 만든 책걸상 겸 가방에 학용품을 넣고 가서 그걸 펴고 공부하고 교복은 대부분 광목에 검은 물을 들여서 맞추어 입었다. 이런 어려운 환경에서 나는 외할머니의 사랑을 듬뿍 받고 친구들에게서 '꼬마 멋쟁이'란 소리를 듣는다. 광목 교복 아닌 사지 천으로 만든 교복, 가죽가방, 처음 들어보는 '멋쟁이'라는 말. 그게 어떤 건지도 모르고 지냈다. 첫 손녀에게로 향한 사랑을 그리 표현하고 싶으셨나 보다.

중학생일 때 방학이면 그 마당에 꼭 부산에 갔다. 동래 온천장에 집이 있는 외가. 공교롭게도 해운대에도 온천이 있는, 해운대 온천장의 친할머니댁, 그리고 이모할머님 집을 순방했다. 막내 이모할머님 집은 두 분 이모할머님 계신 동래가 아니고 부산진이었는데 부산진역에서 대전 가는 기차를 타야 하기 때문에 전날 가서 잠을 잔다. 그 집에도 식구들이 많은데 희야 왔다고 대환영이다.

지금 생각해 보아도 이 모두는 다 감격스럽다. 중학생 멋쟁이, 사지 천 교복, 가죽가방, 그땐 다 전쟁 중이었다. 중학교 다닐 땐 휴전 결사 반대란 플래카드를 들고 시가행진도 했다. 그 심각한 시절에 그분들이 주시기만 한 무한한 사랑이 고령이 되어 지금도 내겐 이 세상의 어떤 사랑보다도 더 깊고 뜨거운 사랑이 아니었나 싶다. 목이 메어 온다. 이런 사랑을 그분들의 그 당시 나이가 되어 깨달을 줄은.

(2022.07.)

당신의 모습

요즈음 거울에 비친 당신의 모습은 어떠합니까. 거기엔 2, 30여 년 전 아니면 더 오래전에는 상상해 본 적도 없는 얼굴이 되어 있어 많은 실망만 주고 있지 않습니까. 그런데도 당신은 그 사실은 잠깐씩 잊고 있는지 비슷한 사람끼리 만나는 장소에선 변했다는 얘기를 곧잘 합니다. 앞에 쭉 앉아 있는 사람들을 향해 나이티가 너무 난다는 말을 말입니다. 그 티가 나는 사람들에게 지적하지 않아도 그네들은 너무나 잘 알고 있는 사실을요. 당신의 모습이 내 모습이고 내 모습이 또한 당신의 모습이 아닌지요.

언젠가 텔레비전 강연으로 인기를 한 몸에 받았던 어느 철학과 교수님의 지적도 있었습니다. 우리나라 사람들은 만나면 왜 상대방의 얼굴 상태 여부를 언급하느냐고요. 그 부분에 정말 공감하였습니다. '얼굴이 빠졌습니다, 살은 왜 찌지 않습니까, 옛 얼굴과 참 달라졌습니다' 등등의 말을 심심찮게 들어온 처지여서입니다. 신수가 훤해졌다는 말도 전혀 듣지 않은 건 아니었지만요.

허기는 때로 이런 일도 있습니다. 연배들이 모여 앉아 서로를 보며 젊어졌다는 얘기도 합니다. 이럴 땐 다른 사람들이 보면 그들만의 잔치로 비춰질 수도 있지만 개의치 않습니다. 할머니 된 지 한참 되었는데도 할머니 소리 들으면 부아가 나는데 젊은 피는 아니지만 젊었다는 말만 들어도 얼굴엔 미소가 머금어지니 그들만의 잔치인들 어떻겠습니까. 그래도 그들에게는 여러 가지 마음이 있습니다. 당신의 모습, 내 모습에 서서히 신경이 쓰이는 어느 날부터 거리에서도 차를 타서도 예사로 보이지 않는 많은 일들에 대한 걸로요.

자신들이 웃고 말할 때는 몰라도 나이 든 다른 사람들이 음식점에서든지 모여 웃고 떠든다든지 백화점에 뭉쳐 다닌다든지 좋은 모습으로 보이지 않는 건 무엇이며, 역 광장 지하 분수대, 공원 같은 데서 하릴없이 앉아 있는 사람들을 안타까운 마음으로 보게 됩니다.

어디 그뿐입니까. 너무 화사하게 꾸미고 다녀도 서글퍼지는 마음이 듭니다. 같은 세대에 호흡했던 인기 연예인도 매스컴에 변한 모습으로 등장하면 반가운 반면 실망이 크기도 합니다. 살아오면서 터득한 삶의 지혜를 주위 사람들에게 너무 설명하려 함에도 거부감이 오는 등 성에 차지 않은 게 수두룩합니다. 그러다가도 한 번씩 그들이 보낸 지난 세월에 대해 생각이 미치면 따스한 애정을 느끼게 됩니다. 편하다고만 할 수 없는 고뇌의 날들을 보내지 않았을는지요. 금쪽같은 자식들에 대한 사랑으로 마음 쓰는 일이 어디 한두 가지였겠습니까.

자식은 전생의 빚쟁이였다는 말이 괜스레 있었겠습니까. 그들을 키우느라 애쓰고 다 키워 결혼시켜 놓고도 어디 마음의 짐을 훌쩍 벗어 버렸다고 어느 누가 장담할 수 있을는지요. 변해 버린 당신의 모습 또한 그로 인한 역경으로 인한 것이 아니었을까 여겨지면 그 모습이 차라리 아름답게 생각됩니다. 이렇게 당신의 모습은 무한정 싫어질 때도 있고 깊은 연민을 느끼게 될 때도 있습니다.

팔십 중반을 막 넘기신 할머님이 계십니다. 그분은 노래를 참 좋아하십니다. 텔레비전의 〈열린 음악회〉, 〈가요무대〉 등을 빼놓지 않으시고 심지어 일본 가요프로도 시청하십니다. 이렇게 노래는 나이와는 관계없이 마음을 파고드는 힘이 있는가 봅니다. 그러나 나이 많은 사람이 너무 자주 등장해 노래를 부르면 불만 아닌 불만을 터뜨리십니다. '젊은 사람이 좀 부르지….'라고 말입니다. 사람의 눈, 보는 관점은 또 우리를 떠날 수 없는 것일는지요.

지난날의 사진에서의 당신의 모습은 어찌 그리 젊었는지요. 이런 날이 있었던가, 그땐 어떤 마음으로 임했을까. 왜 그리도 철없이 그 소중한 시간을 흘러 버렸을까 하는 후회로 가슴 태운 적도 있었겠지요. 지금 와서 그런 마음을 가져 본들 무슨 소용이 있을는지요. 분명한 사실은 당신의 모습, 내 모습 또한 마음에 들지 않은 시점에 와 버렸다는 걸 알아야 할 것 같습니다.

그리고 보면 지난날보다 앞날이 더 중요하지 않을는지요. 당신의 모습이 더 활짝 나아지는 일은 희박하지 않겠습니까. 반대로 당신의 모습에서 내 모습을 보며 실망의 마음만 솟아날 날이 더욱 많아지겠지요.

그러기에 이제는 겉모습 같은 데서 한시바삐 벗어나십시오. 서로를 보며 한탄하는 일은 저만치 밀어 버리십시오. 그에서 벗어나고 나면 또 괜찮은 일도 소소히 있을 것입니다. 건강만 하십시오. 우리나라처럼 아름다운 자연과 더불어 모든 주변 시설이 잘되어 있는 나라가 또 그리 흔합니까.

　당신의 모습은 마음먹기에 따라 얼마든지 활기차게 보일 수도 있을 것입니다. 변한 외형적인 모습, 그것이 어디 주눅들 일은 아니지 않습니까. 자신감을 갖고 거울 앞에서 떳떳해진 당신의 모습을 눈여겨봅시다. 흰머리 주름살이 늘어가는 친구들을 향한 사랑의 시선은 어떨는지요. 그게 바로 당신이 가꾸어 가는 당신의 모습이 되지 않겠습니까.

　세월은 급박하게 변하고 있습니다. 이에 동참하는데 어디 나이가 꼭 있겠습니까. 나이에 맞추어 당신은 얼마든지 당신의 모습을 가꿀 수 있을 것입니다. 당신의 모습이 결국 내 모습이기도 하기에 이렇게 마음을 모으고 싶습니다.

(2022.07.)

추석 명절에 부쳐

올여름 그리도 덥더니 어느새 처서도 지나 버렸다. 그러고 보니 가을의 서곡은 울린 건가. 추석 명절도 곧 다가오는데 날씨는 아직 덥다. 그렇지 않아도 주변의 생활물가는 서서히 올라버렸는데 명절 앞두고 생선도 채소도 가격이 더 오를 것 같다. 아니 올랐다. 시금치는 보기도 힘들고 어쩌다 보이면 엄청난 가격표가 붙어 있다. 왜 그런지 누구에게 물어보기도 뭣하다.

어느새 세월에 따라 나이도 많아져 버려 예와 지금엔 달라진 게 너무 많다. 명절 풍경도 그중 하나이다. 아파트 대단지 상가엔 반찬집이 더러 있기 마련이다. 아직 추석이 일주일 정도 남았는데 그새 새로운 문구를 적어 놓았다. 추석 하루 전날 추석 차례 준비, 추석 음식 모두를 만들어 놓으니 많이 이용해 주면 좋겠다는 거다. 그런 글을 보니 재래시장의 전, 튀김 만드는 집의 긴 줄도 생각난다. 언제부터인가 재래시장에서 보는 명절의 대표적 풍경이다. 소고기전부터 시작해 오색전, 고구마, 새우 등등 원하는 모든 게 다 있다.

어디 거기뿐이랴. 슈퍼, 마트에도 전, 생선을 구워 놓고 필요한 걸 착착 담아서 계산만 하면 끝이다. 하긴 바쁜 세상에 식구들 모여 앉아 전 부치고 생선 굽고 산적 만드는 등 기름 냄새 풍기며 소쿠리 소반에 소복소복 담아가며 만들고 준비한다는 것이 어려울 거다. 새색시 때부터 큰집 가서 일하느라 정신없었다. 고향이 도시라 차 타고 몇 시간 가지도 않으니 일찌감치 가서 요즘 보다 훨씬 많은 형제, 손주들이 북적북적하여 식사 준비도 바빴다. 그리고 원망스러웠다면 남자분들은 미쳐 하던 일 끝나기도 전에 무엇무엇 요구하는 것도 그리 많은지. 평생을 그리하며 지낸 셈이다.

요즈음 젊은이들은 직장인도 많다. 명절이 아니더라도 반찬집은 성황이다. 나이 많은 사람들도, 어느 누구라도 시장에서 줄 서서 전, 튀김 등을 사오는 걸 성의 없다고 할 사람은 없다. 다 이해한다. 요즈음의 세태를.

그래도 그 시절을 한 번 떠올려 보고 싶다. 큰형님 집에 가서 전 굽고 산적 만들고 연탄불에 큰 생선을 굽고 하던 시절. 산적 중 으뜸은 편산적이다. 소고기를 잘게 다져서 양념해 반듯한 네모로 만드는데도 솜씨가 필요하다. 잘 만들기엔 늘 자신은 모자라는 것 같기도 했다. 이 모두는 멀고 먼 일이 되었을 뿐. 참, 한가지 기억은 형님께서 음식 준비하다 점심때 작은 밥상에 차려 준 맛깔스러운 간단한 점심으로 된장찌개와 밑반찬이 어찌 그리 맛있던지 지금도 그 기억이 새롭다.

오순도순 굽고 만졌던 음식들도 저만치 물러가는 것인가. 편한 건 분명히 좋으나 지난날을 떠올리면 왠지 짠한 마음이 든다. 이런 현상이 좋은 현상인지 바람직하지 않은지 결론은 내릴 필요도 없지 않을는지. 시류의 흐름으로 보면 어찌 거스를 수 있으리. 도도한 물결도 어느새 다정한 일상이 되어 버리면 웃으며 잘 받아들이는 날이 올 것이 아니겠는가.

한가지 결론 아닌 결론 같은 걸 내어 본다면 명절, 고향 가는 사람의 마음은 매한가지란 것이다. 시장에서 긴 줄을 서가며 전을 사든 생선 구운 걸 사든 우리네의 진실된 마음은 고향을 향해 달리는 모양이다. 내가 자란 곳, 그리운 고향! 차도를 꽉 메운 고향 가는 차들은 올 추석도 변함이 없으리. 우리네의 아름다운 마음의 표출일지. 길을 메운 차들! 그것만이 우리를 지켜 주는 진정한 명절이리라.

(2022. 09.)

치매 그 주변

    우리나라 사람들의 평균수명이 많이 높아지고 흔히 백세시대에 들어섰다는 요즈음이지만 한편으로는 마냥 반가운 현실이라고만 말할 수 없는 그 어떤 우려도 없지 않다. 그중 하나는 고령에 들어서면 우리네 누구에게나 결코 자유로울 수 없는 치매라는 복병도 노림수가 될 수 있고 100세가 가까워지면 거뜬한 몸 상태를 과연 유지할 수 있을는지가 관건이 될 수가 있다.

    옛날엔 치매란 말을 잘 쓰지 않고 글자를 쓰기에도 달갑지 않은 ○○이라고들 했다. 그러고 보니 까마득한 어떤 기억이 떠오른다. 요즈음엔 모임 같은 걸 모두 음식점에서 하지만 예전엔 각종 모임은 집에서 음식 만들고 차례를 돌아가면서 진행했다. 어느 친구 집에서 모임을 하는데 그 집의 시어머니께서 우리가 있는 방 앞에 오셔서 뭐라고 큰소리치시며 방문을 크게 두드리신다. 여러 차례를. 그분이 치매를 앓고 계셨기 때문이다.

    그러고 보니 치매의 역사는 오래되었나 보다. 어쩌면 자신과는 멀게 느껴지는 치매라는 글자가 살금살금 가까워질 수도 있는 걸 생각하지 않을 수 없나 보다. 나이가 들어가며 깜빡깜빡 잊어버리는 증세는 누구에게나 흔히 있는 일이고 그런 것도 초기 치매 증상일 수도 있을 것이다. 텔레비전을 보다가 늘 알고 있던 탤런트의 이름도 생각나지 않을 때가 있다. 하물며 어떤 친구는 대통령을 지낸 어느 분의 모습을 보며 성함이 전혀 생각이 나지 않는다고 한 경우도 있다.

나이 들어서 밤에 잠자다가 깨게 되면 정작 잠이 들지 않고 때로는 불면의 시간이 길어질 때가 잦다. 답답하기도 하고 걱정스럽다가 또 그 시간을 보내는 방법을 찾아 회상의 나래를 펴 보기도 한다. 어느 하루는 학창 시절의 옛 스승님들 성함을 떠올려 보며 시간을 보내기도. 그런데 어떤 선생님의 성함이 잘 생각이 나지 않기도 하니 나만 그런 건지 다른 사람도 그런지.

엇비슷한 상황은 항상 존재한다. 슈퍼나 마트에 장 보러 가서 뭘 사러 왔지? 하며 얼른 생각이 나지 않아 조금 있어야 생각이 날 때도 많다. 소소한 소지품 어디에 두었던가 집에서 찾는 일도 허다하다. 이런 것 모두 치매와 연관이 있는 걸까. 이 세상에서 그 긴 세월 살아온 날들이 언제 적이었는지 다 지나가고 겉모습이 엄청 변해 버린 연배들을 볼 때면 왠지 아련해 보이고 허전한 마음이 든다. 그래도 한편으로는 비록 변해 버린 모습이라도 건강하게 잘 걸어 다니고 크게 아프지 않고 건강이 유지된다면 그 이상 다행한 일이 없을 테지만 어찌 그리되기만을 바랄 수 있으리.

고령에 이르면 알게 모르게 신체도 불편한 게 한두 가지가 아니다. 새벽 일어나기 전에 삭신이 쑤신다든가 그런 경험도 해 보고 길을 걸을 때도 왠지 조심해야 된다는 마음도 있지 않은가. 그래도 노년은 보내야 하기에 그 길을 당당하게 또는 무심히 가야만 하는 건지. 그런 처지에서 정신적으로 혼돈이 오는 무서운 치매까지 온다면… 미리 마음 단단히 먹고 지내야 할 것이 아닌가. 하긴 어차피 다다르게 되는 생로병사는 우리 인생의 길이기도 하기에 좋은 마음으로 힘내며 지내는 게 상책이 아닐는지. 이리도 빨리 흐르는 날들을 향해 어느 유명 시인 작가분은 소풍이라고 일컫지 않았던가. 그래도 한순간의 세월은 말없이 어제도 오늘도 내일도 유유하기만 할 것임을….

(2022.09.)

이웃 여인

봄이 오는 길목인 3월 초에 이르니 아파트에 있는 목련꽃 나무에 꽃봉오리가 하얗게 맺혀져 있다. 아! 드디어 목련의 계절이다.

이럴 때면 괜스레 설렌다. 막내가 어릴 때 주택을 직접 지어 살던 집 마당에 나무들을 들이면서 목련꽃과도 연을 맺게 되었다. 주택가인 그 동네는 목련꽃 핀 것이 담 너머로 많이 보였는지 수많은 세월을 그 집에 살면서 해마다 목련꽃을 보며 온 마음을 다 쏟았다. 꽃봉오리를 터트리는 그 순간부터 활짝 핀 꽃들이 절정을 이루다가 얼마 되지 않아 조금의 비바람도 견디지 못하고 그냥 홀홀 떨어져 버리면 얼마나 애틋한 마음이 많이 들게 하지 않았던가. 지금도 목련의 계절이 되면 마당 한가득 목련꽃이 피어 외출하고 돌아올 때면 멀리서도 환하게 보이던 그 집이 생각난다.

그 목련을 오가며 보는 감회는 이루 말할 수가 없다. 꽃이 떨어지고 나면 둥글둥글한 잎들도 생기기 시작한다. 잎새들도 볼만하다. 어느 봄 꽃들이 그렇지 않을까마는 목련꽃은 유달리 희석되지 않는 많은 무언가를 느끼게 한다. 하얀 목련보다 많이 보이지는 않지만 자목련 또한 고혹한 매력을 느끼게 된다.

이 무렵 우연히 이웃 여인을 만난다. 허기는 여인이라고 일컫기에는 좀 무엇하지만 그리 부르고 싶다. 아파트 1층 주차장 한구석 분리수거함이 늘어서 있는 주변에서 못 보던 여인이 왔다 갔다 하더니 문득 말을 건넨다. "몇 동, 몇 층에 사세요?" 해서 바로 저기라고 손으로 가리키니 "아, 옆 라인이네요. 이사 온 지 얼마 되지 않았어요. 나이는 얼마나 되세요?"라며 구태여 자신의 나이를 밝힌다. 나 자신의 나이까지 밝히기도 뭣해 비슷하다고만 했다. 그날로부터 가끔 1층에 내려 지나갈 때 보게 되면 그저 웃음만 띠며 지나친다. 성격상 새사람 사귀는 일도 별로 없는 터이기에.

그러고 보니 목련꽃 옆엔 동백꽃도 다소곳하게 곁에 피어 있다. 외송이, 겹송이 그 위용을 뽐내는 듯하다. 목련꽃이 가녀리고 감상적이라면 동백꽃은 나무 생긴 모양부터 묵직함을 주는 믿음직스러운 꽃이라 할 수 있다. '꽃 피는 동백섬에~'로 시작하는 부산의 노랫말도 있는 정겨운 동백꽃이다.

그런데 이웃 여인은 15층에 있으면서 자주 1층으로 내려오는 모양인데 쓰레기 분리하느라 무얼 넣는 건 보지 못했다. 아니면 볼일을 끝내고 괜스레 서성거리는 것인지. 경비실 옆이나 아파트 한 켠에는 쉼터도 있어 나무도 있고 의자들도 구비되어 있어 여러 이웃들이 앉아 담소하는 장소도 있다. 그 여인은 그리로는 가지 않고 왔다 갔다 하는 모습이다.

　하루는 심심한지 아니면 내가 반가운지(?) 또 말을 건넨다. "저 꽃들 보세요. 목련꽃도 피고 곁에 동백꽃도 보세요." 동백꽃이 외송이도 이쁘고 겹동백도 탐스럽다며 보고 또 본다. 그랬었구나. 쉼터에 앉아 쉬지 않고 꽃나무를 살피느라 서성거리고 있었나 보다. 연배의 마음도 나와 진배없으니 앞으로 만나게 되면 속으로라도 이웃 여인이라 부르리라. 미소도 따뜻하게 짓고 먼저 말을 건넬 수도 있을 것 같다.

　이즈음 신문에서 요즘 고령의 할머니들에 대해 언급한 걸 본 적이 있다. 예전엔 밭일하느라 쪼그려 앉아 일하기에 허리도 많이 구부러졌으나 이제는 입식 생활도 하고 모든 환경이 달라져 할머니 호칭이 어색하게 꼿꼿한 젊은 모습들로 변해 간다고 한다. 그러나 신문 기사에서 말하는 할머니는 이웃 여인들과 너무 나이 차이가 있지만 그런들 어떠리. 자연의 이치는 자칫 으스러져 가는 노년의 허무한 마음들을 잘 보듬어 주지 않는가 말이다. 아름다운 꽃들은 이웃 할머니들을 영원히 이웃 여인들로 만들어 주리라.

(2023. 04.)

요양병원

등단한 지가 어언 30년이 가까워지는 많은 날이 흘렀다. 그러나 처음의 마음 먹었던 각오에 비해 글 쓰는데 큰 진전이 없었던지 뚜렷이 잘 썼던 글도 별 없고 일 년에 등단지, 작가회, 기타 동인지 등에 몇 차례 글 발표하는 걸로 작품활동을 한다고 생각하지 않았나 싶어 부끄러운 감도 없지 않다.

다른 작가분들은 작품집도 여러 차례 상재하고 상도 타는 등 의욕적으로 활동하시는데 특별한 직업도 없이 전업주부로 전전긍긍하다 보니 글 쓰는 주제가 신변주변의 글에서 벗어나기 어려워 작품집 내기도 망설여지는 등 모든 면에서 소극적으로 대처한 것 같았다.

이런 처지의 요즈음 이번 월간문학지에서 그 어려운 원고 청탁을 받게 되니 나이 든 사람을 잊지 않고 기억해 주시는구나 여겨져 가슴이 찌르르해짐도 사실이다. 그러나 한편으론 글 주제를 어떻게 잡아야 할지 며칠 동안 고뇌에 고뇌를 거듭하지 않을 수 없었다. 또 피할 수 없는 신변주변 글을 써야 하는가 하며….

하지만 지금의 내게 닥친 절대절명의 절실한 일이 있지 않느냐는 생각에 이르게 되고 모든 걸 무릅쓰고 자신의 일을 써야 한다는 결심을 굳혔다.

그 처음의 제목은 '아! 요양병원'이다. 그러다가 결국 "아!"를 빼기로 한다. 내 사랑하는 가족이 쓸쓸히 혼자 있어야 한다는 사실, 그에 대한 글은 내가 꼭 써야 할 것 같다. 어느 누가 이에 대한 글을 쓸 것인가 눈물을 머금은 채 제목을 정했다.

예전에는 우리의 부모님, 조부모님 또 그 윗대의 어른들이 계셨을 때는 요양원, 요양병원 등이 없었는데 언제부터인가 거리에서 크고 작은 요양병원의 간판을 많이 보게 된다. 100세 시대가 오고 평균수명이 높아짐에 은근히 반갑기도 한 우리 주변이 아니었는지, 물론 환경이 좋아지고 의술도 발달해 수명도 길어졌지만, 건강이 따라 주지 못할 경우 노인병으로 고생하는 일이 허다하다.

심한 중병이 아니더라도 고령으로 인한 신체적 불편도 야기되고 돌봐야 하는 가족도 노인인 경우가 허다해 이런 모두를 아울러 주는 요양병원이 생겨 그 어려운 일들을 해결해 주기도 하니 얼마나 고마운 병원인지 모른다. 다행히 치료가 호전되어 퇴원할 수도 있다. 반면에 장기간 입원해 요양하며 그곳에서 먼 길 떠나시는 분들도 있게 된다. 이런 연유에서 자칫 어떤 오해의 소지도 있지 않은가 여겨지지만 긍정적인 면이 많은 걸로 생각하고 싶다.

내겐 가장 어릴 때 친구가 있었다. 초등학교 동창일 뿐 중, 고등학교와 대학까지 다른 학교를 다녔지만 절친인 친구다. 만사에 똑똑하고 능력 있었던 친구가 아주 좋은 시설의 요양병원에서 종일 간병하는 사람을 두고 있는 병원을 찾은 적이 있다. 거동 불편과 치매 등이 원인이었나 보다. 얼굴만 멍-하니 마주 본 채 내가 뭐라고 해도 말 한마디 주고받지 못했다. 그 아름답던 우리들의 추억은 저만치 가 버렸는지 결국 얼굴만 보다가 돌아온 적이 있다. 언젠가 우리는 먼 길을 멀리 떠나야 한다는 어김없는 사실이 가슴을 압박한 날이기도 했다.

우리 가족 중 어느 누가 경한 증세, 중한 증세 등으로 요양병원에 가지 않는다고, 그 병원의 환자 일원이 되지 않는다고 장담할 수 있을는지. 누군들 외면할까. 노년의 병이 어느 날 어떤 일이 생길지 정말 조심스러운 날들이 특히 노년의 삶 중의 하나인지도 모른다.

어느 날 갑자기 겨우겨우 들락이던 화장실 출입과 식탁에서 앉아 식사하던 시간들이 모두 멈추어 버린 날이 올 줄이야…. 집에서의 일상적인 생활이 한계에 도달해 어쩔 수 없이 요양병원에 입원한 첫날 (그러기에 집에만 있지 말고 평소에 운동을 좀 하지, 걷는 걸 그리도 싫어했지) 원망의 말은 한마디도 못한 채 남편을 혼자 병원에 두고 집으로 향하는 나의 발걸음은 어떤 말이나 글로 표현할 수 없었다.

집에 와서 보니 그가 누워 있던 곳은 텅 비어 있다. 더러 고령의 수필 작가들이 배우자의 병에 대해 글을 쓴 것을 읽어보기도 했지만 내가 그 중심인물에 대한 글을 쓰게 될지 어이 알았으리.

정확히 '60년', 그 긴 세월 내 손으로 식사 준비를 했는데 지금은 요양병원에서 누군가가 만든 환자식을 제대로 들긴 하는지. 그러고 보니 요양병원! 가깝고도 먼 그곳에 내 반려자가 있다.

(2023. 08.)

언니로 삽니다

저에게는 사촌 형제들이 많이 있습니다. 아버지, 어머니께서 장남, 장녀이시고 그 당시 분들은 대개 6, 7명의 자녀를 둔 집이 많았습니다.

요즈음 세상사가 옛날과 달라 변해도 너무 많이 변했지요. 그 으뜸 중에 결혼 풍속도를 들 수 있습니다. 결혼하지 않은 젊은이들이 너무 많아져 노총각 노처녀란 말도 잘 들을 수 없습니다.

예전에는 서른 살이 넘어 결혼하지 않고 있으면 가족들이 애를 태우기도 합니다. 그러나 오늘날은 동년배 집에도 결혼하지 않은 자녀들이 너무 많이 있습니다. 그래도 걱정도 아니 합니다. 30, 40세 넘은 청년들은 젊은 편이고 50세 전후의 미혼 남녀도 적지 않습니다.

재작년인가 결혼하지 않고 미혼으로 있는 세 자녀 집의 막내아들이 첫 결혼 테이프를 끊게 되었는데 그 엄마가 너무 기뻐하였습니다. 친구들에게 소리 높여 '우리 아들 장가간다'하고 문자도 날려 보냈습니다. 물론 친구들은 자신의 일인 양 진심을 다해 축하를 해 주었습니다.

요즘 청년들은 결혼을 별 중요하지 않게 여기는 풍토도 많아 안 해도 되는 것이고, 혼자 사는 게 더 편하게 여기기도 한가 봅니다. 결혼해도 문제는 또 자녀 둘 생각도 그리 간절하지 않은지 세계의 그 많은 국가 중 우리네 출산율이 평균 1.0을 밑돈다고 하고, 학교는 잘 운영되지 않고 시골은 물론 도시도 점점 학생 수가 줄어 문 닫아야 하는 경우도 있다고 하니 이런 문제가 어디 보통 문제이겠는지요. 밖에 나가 보면 예쁜 아기도, 어린이들도 많이 보이고 행복한 가정을 이루면 좋으련만 안타까운 일이기도 한 것 같습니다.

그러고 보면 저는 장장 스물 몇 명의 자녀 중 가장 우두머리이기도 하지요. 친사촌, 외사촌에 이어 고종사촌도 있지요. 어릴 적부터 형제 중 가장 위이고 보니 언니, 누나로서 모범을 보여야 한다는 어떤 마음이 항상 있었지요. 그 사촌 동생들과 잘 지냈었지요. 특히 가까이 지낸 이모집은 동대신동에 있었고 저는 동래에 있는데도 서면에서 갈아타고 자주 그 대신동까지 갔었지요. 이모집 동생들과 나이 차이가 열 살도 넘지만 스스럼없이 잘 지냈습니다.

적게는 한 자리 수 나이 차이부터 열 살 넘은 나이 차이도 있고, 고종사촌 큰 동생은 같은 대학 3년 후배여서 대학에서 오가며 보면서 친히 지냈지요. 그 동생은 유머 감각이 뛰어난 재밌는 동생이었습니다. 언제 만나도 변함없는 사촌들. 지금은 평소엔 만나기 힘들고 경조사에서 만나 보는 것이 요즈음 일입니다.

친사촌, 이종사촌, 고종사촌, 외사촌. 언제 만나도 반갑고 격의 없는 마음이 드는 것이 바로 사촌들입니다. 요즈음 아이들은 이런 돈독한 사촌 간의 마음은 상상이나 하겠는지요. 그중 제일 웃사람의 나이 들어감을 아쉬워하며 하는 말이 있습니다. "언니, 언니 연세 많이 된 건 사실이지만 저희에겐 영원한 언니일 뿐입니다. 언니 건강하세요, 오래오래 언니라 부르게 해 주세요."

그래다오, 나도 언니로 살고 싶거든요. 속으로 그리 생각한답니다. 일상적으로 불리우는 늙어 버린 할머니 칭호보다 언니라 불러 주면 훨씬 젊은 마음이 샘솟을 것 같거든요. 사촌 동생들이 불러 주는 호칭, 언니! 힘내고 언니로 살아 달라는 당부인 것 같습니다.

(2023. 08.)

그 시절

평생 함께 지낸 반려자가 홀홀 떠나고 난 뒤, 첫 글을 쓰려니 만감이 교차하고 마음이 착잡해진다. 과연 글을 쓸 수 있을는지 망설여진다. 아직도 현관문을 들어서는 사람일 것 같은 마음이 떠나지 않았으니 말이다. 그러나 살아오면서 한번 쓰고 싶었지만 쓸 수 없었던 나만의 작은 사연을 이 시점에서 되돌아보고 싶기도 하다.

같은 과 4년을 함께 공부했던 친구가 당시 결혼 적령기에 이른 나이에 임해 있던 시절 어느 날 불현듯 집으로 찾아왔다. 무조건 함께 나가자는 얘기다. 외 육촌 오빠를 소개시켜 준다고 하여 어영부영 따라 나온 장소는 부산 서면 로타리에 있던 OK 다방! 하필 무슨 다방 이름이 OK인가를 생각하며 같이 들어선다.

남녀공학에 다니면서도 성격상 제대로 친구 하나 못 사귀는 사람인 내 앞에 앉아 있는 사람이 첫눈에 마음에 들 이유가 없었던 듯 달리 할 얘기도 마땅찮고 오래 앉아 있진 않았던 것 같다. 멋쩍기만 했던 세 사람은 그리 헤어졌다.

그로부터 서너 달 뒤인가 집에 있는데 초등학교에 다니던 동생이 언니, 집 밖으로 나와 보라고 한다. 나가 보니 팔에 기브스를 한 OK 다방에서 보았던 그 사람이 집 부근에 서 있다. 왜 왔을까. 동생의 말은 집 부근 관사 길로 걸어오는데 웬 사람이 다가와 언니가 누구 아니냐고 묻더라고. 기브스를 안 했으면 그냥 가게 했을 걸 마음이 약해져 동정심이 생겼는지 나와서 전차 다니던 길 부근의 다방에 간다. 그래서 OK 다방과 기브스가 결국 인연의 끈으로 이어진 셈이다.

바로 인연이 된 건 아니다. 친구가 노력(?)해서 시동생이 될 사람을 함께 하여 네 사람이 포도밭에 한 번 가서 시간을 보낸 적이 있었다. 웬 포도밭! 그런 생각을 하면서 간 적이 생각난다. 당시에는 선을 보며 상대방을 찾는 일이 많았는데 맘에 드는 사람이 쉽지 않아 부모님께서도 신경을 쓰시던 편이었는데, 그 사람에 대해서는 집안도 알만한 집이니 생각을 잘해 보라고 권하기도 하신듯하다. 그리 인연이 이어졌다. 지금으로 보면 소개팅이라 칭하는 그런 절차인 셈이다. 결혼 후 남다른 별일 없이 잘 지내 온 셈이다. 마음에 들지 않은 부분도 어찌 없었을까 마는 비교적 내 뜻을 크게 저버리진 않은 게 그나마 장점이기도 했다.

그런데 막상 떠난 사람이 되니 모든 게 스스로 무너지는 듯하다. 불만스럽던 부분은 다 사라져 버리고 함께 지냈던 모든 물품들만 보아도 눈물만 어린다. 그랬다. 그때 그 시절 그 모두가 행복이었구나. 그때는 몰랐다. 주변에 오가던 사람들은 다 보이는데 왜 나만 반려자가 없는 건지 남 눈에 뜨이지 않게 혼자 울어 보는 시간이 오직 나만의 시간이

구나 싶다.

다른 사람들은 과연 어떻게 이런 어려움을 극복하였을까. 세월은 과연 약이 되어 주는 걸까. 얼마나 더 시간이 흘러야 마음이 추스러지는 건가. 글쓰기 전 마음, 그 마음 망설여지던 게 다시 돌아오려는가.

아니다. 그때 그 시절을 떠올리며 잠깐이나마 열중할 수 있어 정말 뜻깊은 시간이 아니었나 싶다. 글을 쓰며 정말 오랜만에 그 시절을 떠올려 보았으니 말이다. 그 사람이 떠난 지 반년 남짓 지나고 새해가 왔지만 한 번도 내 꿈에 나타나지 않았는데 어느 날 딸의 꿈에 나와서 한 말이 그곳에서 잘 지내고 있으며 무슨 대표가 되었다고 한다.

"그래요, 좋은 곳에서 대표 잘하고 우리 가족도 많이 많이 생각해 주세요. 지켜봐 주고요."

(2024. 01.)

책들 속에서

요즈음 뜻하지 않게 책들 속에 푹 빠져 지낸다. 이 나이에 무얼 더 알고 싶어서도 소설 같은 책도 아니다. 집의 여기저기에 책 뭉치들이 눈에 띄어서다. 저 책들을 다 어찌하나. 세 아이의 책들은 예전에 살림 나가면서 거의 다 가져가긴 해 책꽂이들도 없애기도 해서 한쪽 켠에 모여진 책들이다.

어릴 때부터 책에 관심이 있었던지 남의 집에 가면 책꽂이부터 눈에 들어와 그 앞에 가서 기웃거리고 책도 뽑아 잠깐 보기도 했다. 6·25 사변 난 다음 해에 중학교 들어갔는데 학생 잡지가 보고 싶어 덜컥 살 수도 없었기에 친구 셋이 돌아가면서 책을 사서 차례로 읽기도 했다. 나름대로 무엇인가를 읽는데 노력을 아끼지 않았다.

학교를 졸업한 뒤부터 신문, 잡지를 읽으며 독자 투고란에 투고하며 글의 끈을 잡고 있었던 셈인데, 우연한 기회에 신문사에서 독자 투고란에 투고하는 사람들을 초대해 좌담회를 가졌는데 거기서 만난 어느 교수님이 등단해 보라고 권해 주서서 늦은 나이에 등단 명단에 이름을 올리게 되었다.

그로부터 별 두각을 나타내지도 않았음에도 불구하고 등단 작가의 길 때문이었는지 책들도 계속 보게 되었다. 등단지 수필문학, 문인협회 등의 월간지도 계속 집에 보내어져 오고 작가분들의 수필집, 시집 등 각종 출판물과 문학책들이 와서 늘 송구스러웠다. 워낙 주변이 없어 인사 글도 보내지 못하고 어영부영 그리 지냈던 시간이 아니었나 싶다. 그 옛날 그때는 애들 셋 키우며 바삐 지내느라 보내 주시는 작가분들의 소중한 작품집을 제대로 다 읽지 못하고 제목을 골라서 읽기도 했다. 그래도 고마운 맘은 항상 간직하기도 했다.

그러던 몇 해 전 어느 날 집에서 넘어져 다리를 다쳐 휠체어 타고 병원에 다닐 때도 있었고 한번 또 넘어져 거의 두 달 동안 병원에 입원한 적이 있어 퇴원하고 나서도 집에서 한참 몸조리하면서 엄청 책을 많이 읽었다. 그 후로 더 나이 들어가며 외출도 자유롭지 못하게 되고 힘들 때도 있으니 집에서 책들과 씨름하게 된다. 책은 항상 곁에 있고 잠들기 전도 책 보다가 잘 때가 많다. 사실 이사 갈 때라든지 책이 짐 뭉텅이가 되기 십상이다. 언젠가는 내가 줄여 나가는 게 좋겠다는 생각이 든다.

아파트에서 재활용 종이 등을 수거해 가는 날 애써 모은 신문지 뭉치를 조금씩 내어놓으며 아깝기도 했다. 부피가 늘어나 언제까지 갖고만 있으면 될 일이 아니라는 마음이 책에도 해당되는 것이 안타깝다. 저 소중한 책들을 그냥 내보내기란 얼마나 서운한 일이 아닌가. 조금이라도 읽어 본 후에 내어놓자는 생각이 들어 계속 읽는 중이다.

그러고 보니 장서를 소장한 지식인이나 유명 학자분들은 그 많은 책들을 어찌 관리하시는지. 한두 번 손을 거쳐 간 책들도 숱하게 많지 않겠는가. 어느 대학에서 장서들을 정리하려 하니 받아 주는 곳이 마땅하지 않아 폐기해야 되는 처지라고 신문에 보도된 적도 있었다. 젊은이들이 점점 책을 외면하고 모든 지혜를 스마트폰 등 온라인에 의존하는 현실이 가시화된 사회가 된 게 아닌가 싶다. 일주일에 한 번씩 재활용 수거용으로 그냥 내어놓긴 아까운 내 책들. 나만이라도 다시 한 권이라도 더 읽은 후 내놓으리라.

사실 그 책들엔 좋은 글들을 많이 만날 수 있다. 그땐 미처 못 느꼈던 새로운 글투성이다. 오래전 나와 같은 해에 등단하신 선생님들께서도 정말 훌륭한 인격의 소유자임이 글에서도 알 수 있기도 했다. 그분들의 등단 연도가 같았던 것도 처음 알았고. 어찌 그분들뿐이랴. 부산작가회 선생님, 직장을 가진 아니면 전업주부인 분들의 글에서도 가슴에 와닿는 글들을 많이 만날 수 있었다. 존경스러운 맘을 들게 하는 글도. 어느 유명 작가분이 수필은 신변주변의 글이 많다고 약간 폄하하는 듯한 말씀을 하셨는데 그렇게 말할 수 있는 것인지.

쑥스럽지만 자신이 지난날 썼던 글도 읽었다. 어쩜 그때가 지금보다 더 감성이 풍부하지 않았나 하는 맘을 들게 하니 세월의 흐름이 서글퍼지기도 한다. 그러나 하나 신기한 일이 있다면 몸 상태가 피로해지고 별로 좋지 않은 상태일 때 책을 읽다 보면 어느새 편해지기도 하니 노년 독서와 나는 어쩐지 가깝지 않은가 하는 생각이 든다.

페이퍼 코리아 기업의 신문광고에 "쓰레기로 생각하고 버리는 종이 박스, 책, 잡지 등은 쓰레기가 아니라 소중한 자료입니다"라는 글이 있다. 소중한 자료로 쓰는 책들을 가슴 저미며 조금씩 조금씩 읽으면서 나의 책들을 오직 내가 줄여 나가리라 마음 다져 본다. 소중한 나의 책들이여!

(2024.01.)

책들과 함께

그리 오래되지는 않지만 언젠가부터 집에 있는 책들을 읽기 시작했습니다. 늦은 나이에 건강 또한 그리 활발한 편도 아닌 처지에 어쩐지 맞지 않은 것도 같지만 그리 혼자 정해버린 셈입니다. 책의 종류도 한쪽으로 기울어져 있으나 오늘날의 내겐 어울릴 수도 있을 것 같기도 합니다.

늦은 나이에 수필 전문지에서 추천받아 미미하나마 글쓰기로 졸작을 발표하며 지내다 보니 많은 작가분들의 작품집을 접하게 되어 책들이 제법 집에 늘어나게 되었습니다. 요즘 추세는 책들을 잘 읽지 않고 스마트폰 등의 기기로 생활 속의 모든 지식 습득도 가능한 등 공부도 하며 지낼 수 있으니 젊은 사람은 물론 중장년도 웬만하면 책이나 신문과 멀어지고 있나 봅니다. 심지어 텔레비전도 별로 시청을 안 한다고 합니다.

어쩜 지식의 보고이기도 했던 책들이 가정에, 직장에 많이 쌓여 있으며 기증할 곳도 마땅치 않다는 보도를 본 적이 있기도 합니다. 가정의 책도 늘어만 가면 조금씩 줄여 나가는 일도 어쩔 수 없는 일이 되었습니다. 이사 갈 때도 책은 큰 짐이 될 수 있으니 한 번 읽고 그대로 방치되어 있으면 처량한 마음만 듭니다.

작가님들께서 정성을 다하신 그 소중한 책을, 언젠가는 내 손에서 정리를 염려해야 하니 읽은 뒤 조금씩 줄여 나가는 게 좋을 것 같았습니다. 그때는 살림살이에 바빠 제대로 다 읽지도 못하고, 인사도 못 드리고 그냥 받기만 했던 일이 너무나 죄송스러운 마음이 들었습니다.

정말 훌륭한 글을 쓰셔서 감동을 주기도 하고 아름다운 글도 많았습니다. 수필집뿐 아니라 시집, 소설집까지 보내신 작가님껜 죄송스럽기 그지없었습니다. 평범한 생활 속에서 미소를 짓게 하는 일상의 작품에 이르기까지 미쳐 못 느꼈던 모든 사연이 책 속에 있습니다.

집에서 움직여야 하는 최소한의 시간 이외엔 거의 모든 시간을 책들을 읽고 있습니다. 등단한 지 몇 년 뒤 펴낸 수필집 〈피아노 소리〉라고 부끄러운 책이었지만 작가분들께서 글월을 보내 주셨습니다. 그 당시엔 선생님들께서 누구신지도 모르고 받기만 하고 무심코 있었던 모자란 사람인 저였는데 다시 읽어 보니 문학회 회장 하신 선생님, 작가상 받으신 분, 유명한 작가 선생님 등등…. 그러셨구나, 무명인의 글도 일일이 읽어 주시며 격려하시니 그런 마음을 가지셨기에 좋은 글을 쓰시는구나 깨닫지 않을 수 없었습니다.

수필작가님들께서 보내신 글은 자신을 뒤돌아보지 않을 수 없게 하였습니다. 언젠가는 이 소중한 책들도 조금씩 정리해야 하는 수순을 밟아야 하는 건 아닐까 여겨져 가슴이 아프기도 합니다. 이렇게 책 속에 파묻혀 있다가 "잠자듯 떠나신 아버지"란 제목의 글이 눈에 들어왔습니다. 그 일부분을 한 번 적어 보았습니다. 쉽고도 따뜻한 내용입니다.

"결혼해서 분가하기 전에 시댁에 들어가 십여 일을 살았다. 결혼 초기이니 당연히 시아버님을 아버님이라고 불렀는데 2, 3일이 지나서 밥상을 차려 놓고 "아버님, 진지 잡수셔요." 하였더니 상에 앉으시며 "그러지 말고 아버지라고 해라." 하신다. 처음에는 어색했지만 그 후부터 자연히 아버지라고 부르게 되었다. 손아래 동서가 4명인데 다들 나를 따라서 아버지라고 부르고들 있다. 아버지께서는 아침마다 마당에 물까지 뿌려서 쓸고 일터인 약국을 물걸레로 말끔히 닦아 정리를 하셨다…"

라는 글이었습니다. 또 한 가지 뜻밖에 이 부족한 사람이 그 아름다운 책을 받고 그때는 인사 글을 썼으나 보내지 못한 듯 책 사이에 끼어 있어 쑥스럽지만 적어 보렵니다.

"선생님, 안녕하신지요. 청명한 가을날 예쁜 단풍잎이 붙여진 선생님의 수필집은 잔잔한 감동이었습니다. 단풍잎을 편지에 붙여 보낸 적이 언제 적 일이었는지 수십 년도 넘은 날들을 생각해 보았습니다. 기억도 아득한 옛날 원주 치악산에서 이맘때쯤 단풍잎 몇 잎 주워 그때 어린 첫손녀에게 편지 써서 고이 부친 적이 있었습니다. 그 후로는 우편으로 단풍잎을 보낸 적도 받은 적도 없었습니다. 정말 고마웠습니다. 책갈피 속에도 단풍잎을 넣어 두었던 날들이 있었지만 지금은 그날들과는 너무 먼 사람이 되었습니다. 며칠 전 작품집을 받아서 아직 몇 편 못 읽었습니다만 감사히 잘 읽겠습니다. 안녕히 계셔요."

요즘도 집에는 작가님들이 보낸 작품집이 간간이 보내어져 옵니다. 감사한 일입니다. 고맙기도 해서 더 열심히 읽습니다. 가끔이지만 월간 문학지나 동인지 또는 등단지에 한 작품이라도 발표될 때는 등단 연도가 꼭 기재되어 있습니다. 그럴 때면 너무 많은 날이 흘렀다는 사실이 민망스럽고 부끄럽기도 하고 그것이 또한 자신이 고령 시대를 살아가는 힘이 되기도, 보람이기도 합니다. 오늘도 집에 있는 작가님들의 소중한 글들을 읽고 있으며 좋은 글들을 만나려 합니다. 언젠가는 내 곁을 떠나지 않을까 하는 마음으로 아쉬운 글들이기에 그렇습니다.

(2024. 07.)

그리운 내 친구

　고등학교, 대학교 때의 친구, 특히 대학에 입학했을 때 당시 과에 30 명 인원에 여학생이 3명뿐이었지. 남학생들이 우리 과에 여학생이 3명 이래 하며 수군거리는 소릴 들으며 입학했던 먼 기억도 있다. 3명 중 한 친구는 3학년 때 아버지가 돌아가시는 바람에 학업을 중단하고 말 았지. 당시만 해도 그런 경우가 더러 있던 시대였지. 뭉쳐봐야 남은 둘 뿐인데 그와 나는 열심히 공부를 하기도 했지만, 친구와 나는 다른 점 이 너무 뚜렷해 그는 활동적이고 다재다능하며 기독교 신앙이 두터워 교회도 열심히 다니고 고등학교 땐 발표도 잘하고 웅변은 특히 잘했다.

　대학 땐 연극반에서 셰익스피어 작품 연극을 두 번이나 주인공을 해 서 인기 절정일 때도 있는 친구다. 당시 대학에서는 서울에서 유명 지 도자를 모셔 와 연극 감독을 맡겼는데 그이가 서울로 스카웃까지 제안 하고 싶어 했다는 말도 있었던 내 친구! 대학 다니면서 틈틈이 방송국 에서 아르바이트도 할 능력을 지닌 그다.

　학교 졸업 후 방송국에 다니다가 교회 계통 병원에 사무직으로 있는 사람과 결혼한 후로는 친히 지낼 기회가 별 없었다. 그 남편은 너무나 성실한 분이고 아량도 넓어 애들 어릴 때 미국서 교회 공부를 더 열심히 할 기회가 왔을 때 2년간 혼자 가게 한 배려심도 있고 자상한 이다. 친구는 침례회에서 주요직도 맡고 생활을 열심히 하느라 어쩌다 소식을 들을 뿐 가까이 지낼 기회는 별 없었던 셈이다.

사는 집도 멀리 떨어져 있어 많은 세월을 지내는 동안 만나지지 않던 어느 해 우연히 나도 고관절을 다쳐 입원해 있고 그 친구도 몸이 좋지 않아 입원해 있는 상태가 되어 연락이 닿아 문자를 한참 동안 주고받으며 그동안의 무소식이 해소되긴 했으나 친구는 계속 몸이 회복되지 않고 조신하며 살았는데 요즈음은 우리의 우정이 얼마나 그리운 건가를 서로 느끼며 지낸다고 할 수 있다. 만나 본 지도 오래되고 들리는 소식은 요즈음 출입도 어려울 정도로 힘든 경우도 겪는다기에 내가 먼저 편지를 보냈는데 뜻밖에 출입이 어려운 그가 손편지를 보내 온다. 세 번째 편지다.

친구의 편지는 시작부터 다르다. '보고 싶은 친구야!'로 시작하는, 편지지가 아담하고 예쁘다. 바탕색은 은은한데 분홍색 꽃까지 깔려 있고 앙증맞은 스티커도 붙여져 있다. 몸도 아픈데 어디서 편지지를 구했는지. 글씨체는 아주 좋은 글씨다. 예전에는 글씨를 그리 잘 쓰는 줄도 몰랐는데 군데군데 한문 글자도 많이 쓰고 어떤 한자는 아주 어려운 획의 글자도 있는 등 이 나이에 이런 정성 어린 편지를 받게 될 줄 어이 알았으리. 너무나 달리 보이는 그의 모습이 감격스럽기까지 하다. 몇 구절 조금 옮겨 봄도 누군가 이해해 주길 바란다.

"우리 모두는 나이 먹은 탓에 이유 없이 아픔이 여기저기 나타나지만 特別히 집어낼 병명도 이유도 없는 形便이구나. 날마다 바보처럼 어지럽고 약봉지만 머리맡에 쌓아 두고 사는 노인네들… 참 상쾌한 기분 갖기가 어렵지만 난 하늘에 소망을 두고 이 악조건들을 힘차게 걷어 내고 즐겁게 살기로 일상을 굳혀 본다. 괴롭고 서글프고 힘 빠지는 일은 아예 생각하지 않는 습관을 기르는 게 지혜로운 일일 것 같다."

친구의 편지는 여러 가지 면으로 내 마음을 깨닫게 해 준다. 몸이 제대로 움직이지 않아도 그에 대한 언급은 자제하고 희망적인 생각만으로 자신을 다독이는 모습은 아름답게 여겨진다. 편지 끝부분의 글도 마음을 울린다.

"우린 서로를 젊은 시절 더 소중하게 여기고 진지한 사귐을 갖지 못한 아쉬움을 남긴 게 아닌가 싶고 지난 세월이 다시 올 수 없지만 남은 날들 후회 없이 건강하고 기쁘게 살도록 하자. 뒤늦은 고백이지만 사랑한다. 고마워."

그는 꼭 연도와 날짜를 끝에 적는다. 10월 3일 ○○이가. 친구의 아름다운 마음이 그리워진다.

(2024. 10.)

바늘 함

집에는 오래전부터 써 왔던 바늘 함이 하나 있다. 세월이 너무 지나서 그런지 그게 결혼 때부터 있던 건지 그간 바뀌었는지는 아리송하다. 어쨌든 그 함은 늘 내 주변에 있었음엔 틀림없다. 각종 색깔의 실타래와 큰 바늘에서 작은 바늘까지 구비되어 있는 아기자기한 구조다. 정말 모처럼 바늘 쓸 일이 생겨 그 함을 열어 보니 어이쿠, 바늘귀가 찌그러진 게 두 개 있을 뿐이다. 함 주인이 한참 동안 찾지 않았던 게 그 이유인 듯.

문득 이불호청 꿰매던 날들이 생각나 찡해진다. 큰 이불을 방바닥에 펴 놓고, 빠닥빠닥하게 호청을 씻어 풀까지 먹여 손질해서 밟고, 때론 너무 큰 게 아니면 다림질까지 해서 잘 손질된 호청을 한 땀 한 땀 바느질했던 지난 날들. 명절 때 애들이라도 올 때면 새 호청으로 된 이불을 덮어 주던 일들. 그런 날들이 있었다.

그러고 보니 그 일들을 한 지도 제법 오래됐다. 나이대가 올라가니 몸도 그리 가뿐해지지 않아 편한 게 익숙해져 그냥 바느질하지 않고 다

꾸며진 걸 덜어 씌우면 되는 이불이 있기 때문이다. 그렇게 살아온 지도 한참 된 것 같다. 이젠 고령의 처지까지 되니 더 그렇게 될 수밖에 없는 걸까.

되돌아보면 친정의 여형제 중 바로 밑 동생은 어머니를 닮아 중학생 때부터 재봉틀을 좋아해 시곗줄을 꼼꼼하게 만들기도 하고 솜씨가 있었다. 나는 솜씨와는 거리가 멀고 커서도 어른이 되어 오직 바늘로 하는 이불호청 꿰매는 것이 유일한 것일 뿐이었다. 빳빳하고 깨끗한 호청을 댄 이불을 덮으면 그 산뜻한 기운을 느끼던 감촉은 한동안 가지 않았던가.

예전에 집안 식구의 결혼을 앞두면 집에서 어머니랑 이모님들이 울긋불긋 이불 천으로 방에 넓게 펴고 이불을 만들던 모습들도 눈에 선하다. 옛 분들은 모두 평소에 옷도 만들어 입고 바늘 쓰는 일이 소소히 얼마나 많았던가. 엄마는 늘 솜씨를 뽐내신 분이셨다.

나와 바늘 함은 그리 바쁘지는 않았으나 이제는 아예 바늘이 구비되지도 않게 방치되었구나 하는 서글픔이 들기도 하니 정말 세월이 유수 같음을 다시 느끼지 않을 수 없다. 바늘이 있는지 없는지 그동안 무얼 꿰맬 것은 없었는지, 옷의 단추는 떨어지지 않았는지, 솜이불은 관리를 할 생각은 없었는지 등등 여러 가지 생각이 밀려와 우선 바늘을 사는 게 순서라 생각하고 바늘 사러 슈퍼에 가 기웃거려 보았으나 눈에 띄지 않기도 했다.

그때 생각이 미친 곳은 아파트 부근 길가에 작은 도장집 할아버지 가게다. 길옆에 검정색이나 흰색 고무줄도 팔고 양말도 파는데 혹시나 해서 '바늘 있어요'라고 물어보니 있다며 보여 주는 바늘. 큰 바늘, 작은 바늘 등 촘촘히 들어 있는 바늘을 보여 준다. 아, 되었네. 바늘 종류도 다 있다. '그거 하나 주세요' 하며 기꺼이 사서 집으로 오는 마음이 한결 가벼워진다. 바늘귀에 실을 꿰는 작은 기구까지 곁들여져 있다.

오랫동안 바늘 함은 얼마나 쓸쓸했을까. 나이 많은 사람이 내팽개친 나의 바늘 함. 이제 바늘은 구색을 갖추게 된 셈이다. 설령 이불이 힘들면 다른 무엇이라도 바늘 쓸 일을 찾아 언제라도 출동할 준비가 된 게 아닌가. 작은 가게에서 열심히 사시는 도장 할아버지께 '바늘 사게 해 줘서 고맙습니다' 하는 마음이 든다.

(2024. 10.)

분꽃

엄청 더운 여름날 늦은 오후 외출에서 돌아오다가 불현듯 아파트 일층 큰 나무 밑에 소담스레 피어 있는 분꽃을 발견한다. 아! 분꽃. 얼마만인가. 너무 반가워 걸음을 멈추고 곁에 가 냄새를 맡아 본다. 별 향기는 없는 듯. 분꽃은 특별히 빼어나게 화사한 꽃은 아니지만 마음에 와닿는 꽃이다. 분꽃은 빨강색이라기 보다 짙은 분홍색이라 할 수 있다. 노란색도 섞여 있다. 먼 어린 시절 집의 꽃밭에는 항상 분꽃이 있었다. 봉숭아, 백일홍, 맨드라미와 함께. 붙박이 같은 꽃이다.

우리나라 사람들이 좋아하는 모양으로 꽃밭엔 언제나 자리매김을 하고 있던 꽃이라 반가움의 도는 크다. 왜 이제야 눈에 띄었는지 이쪽에도 조금 있고 약간 떨어진 곳에도 한 무더기가 피어 있다. 이 아파트 화단은 아름다운 꽃들로 형성되어 있기보다 큰 나무들만 심어져 있는데 그 아래에 어느 누가 분꽃을 곁들여 심었는지 그 마음이 따사롭다. 색깔은 진분홍색인데 물감이 똑 떨어진 듯 확연하다.

어느 꽃인들 뜻이 없을 리 없겠지만 사람들의 마음에 와닿는지 순수

하고 솔직한 우리네 꽃이다. 너도나도 꽃밭에 늘 심었으니까. 평범한 분꽃을 한 사람에게 비유해 보자. 조용하고 표나지 않으면서 어느 곳에서도 말없이 필요한 존재로 임하고 있음을.

인(忍), 참을 인 자다. 나이가 많아질수록 쌓아야 하는 스스로의 덕목으로 필요한 참을성이 있는 것도 같다. 젊은 시절, 장년 시절의 참을성은 상대방이 있는 경우가 많지만 나이가 들면 스스로를 향한 참을성도 필요한 부분이리라. 옛 분들은 고생하며 산 삶도, 또 신체의 이런저런 불편함도 참고 또 참으며 산다. 어찌 일일이 다 말하리. 그런 걸 생각하게 되는데 분꽃을 보니 예나 지금이나 묵묵히 끄떡없이 제자리를 지키는 의연한 면이 있지 아니한가.

봉숭아와 함께 우리네 토종 꽃으로 몇십 년 전에도, 오늘에도, 훗날에도 우리의 꽃밭에서 언제나 볼 수 있으리라. 선명한 색깔의 꽃이 어디 한두 가지랴마는 분꽃처럼 은은하게 어릴 때부터 보아 오던 꽃이기에 늦은 나이에 보니 마음은 더 색다르다. 화려하게 핀 더 아름다운 꽃에 비하면 조금 부족한 듯하지만 그러기에 더 잔잔한 매력이 있기에 어느 꽃보다 다정하다.

지나다니며 유심히 보고 더 자주 보리라. 어릴 적 집 마당에 피었던 분꽃을 떠올리며 그 옛날을 그리워하는 마음과 함께하리라.

(2024. 10.)

나의 피서법

　나의 피서법이라는 글자를 쓰고 보니 젊지도 않은 높은 나이에 왠지 맞지 않는 것 같아 엷은 미소가 머금어진다. 그런데 과연 내게 그런 게 있었던가 하는 마음도 든다. 예나 지금이나 생각도 해 보지 않았던 일이 아닌가. 동시대를 살아온 옛날 분들도 어쩜 그렇지 않았던가 싶기도 하다.

　더운 여름이면 으레 산이나 바다를 찾고 더위를 식히는 게 피서라고 여기고, 달리 자신이 개발한 피서하는 방법을 실천해 본 사람이 있긴 했는지 궁금하다. 아니면 혈기 왕성한 젊은이들이 자신만의 어떤 노하우를 갖고 연구해 보았을는지도 모른다.

　그에 비하면 요즈음 세대는 달라도 많이 다르다. "어디든 떠나고 보자"는 피서 여행의 대세는 제법 오래전부터 만연되어 있다. 아파트 상가의 점포들도 동참하는 이들이 많다. "휴가 갑니다"라는 글과 함께 날짜가 쓰여 있다. 언젠가는 건물 고층에 있는 병원에 간다고 일 층 승강기 앞에 가니 병원 휴가 안내문이 붙어 있어 되돌아오는 등 그런 일이 허다하다. 어떤 가게는 휴가 기간이 상당히 길어 보여 외국이라도 가는가 보다 싶기도 하다. 아니면 호캉스라고 호텔에서 며칠 시원하게 쉬고오는 경우도 있다. 이 모두도 피서법 범주에 속하는지 모르겠다.

그런데 살림살이를 하다 보면 혼자서 피서법을 개발한다고 되는 일은 아니다. 어울릴 사람들, 가족이나 친구와 어울려야 무언가 이루어진다. 나이 든 사람은 추억 속에 산다는 말도 있고 특히 수필을 쓰는 사람은 기억의 글을 쓴다고 못마땅해하는 시선들도 있지만 어쩔 수 없는 그 기억들이야말로 힘이 되는 것을 어찌하리.

내 집의 피서 여행은 정말 오래, 오래전이다. 그도 가까운 경주 보문단지나 합천 해인사를 몇 번 간 게 전부다. 그리고 보면 참 각박하게 살아온 자신의 처지 같지만 잊지 못하는 여름의 기억은 있는 셈이다. 여름이면 평생 잊지 못하는 곳이 있으니 내 가족의 피서는 그곳이 피크였던가. 그곳은 부산에서 멀지 않은 곳에 있는 내원사 계곡이다.

숲이 우거진 깊은 계곡과 특별히 맑은 물, 계곡의 커다란 바위들. 바위가 널찍해 식구들이 돗자리를 깔고 다 앉을 수 있었다. 좋은 장소를 차지하기 위해서는 아침 일찍부터 서둘러야 했다. 먹을 것 잔뜩 준비하고 도시락을 싸는 등 피곤한 줄도 모르고 움직였던 당시, 애들이 초등학생이던 그 시절 계곡물에 수영복 입고 들어가 피라미 잡느라 수선스럽던 그 모습을 보며 즐거워했던 그 시절의 평범한 일상이 어느 누구도 따라오지 못할 내 살아온 날들 중 가장 멋진 피서가 아니었나 싶어 눈물겹다.

나의 피서법! 그런 건 없어도 그 못지않은 피서의 기억으로 영원히 기억되기에 이렇게 쓰고 있다. 어쩜 다른 회원님들의 멋진 피서법도 궁금하게 여기면서, 큰 기대 속에 글을 줄인다.

(2024. 11.)

가을 야구

해마다 가을 이맘때면 나는 색다른 인사를 받는다. 물론 가족 간의 일이긴 하지만. "어머니, 야구 끝나서 서운해 어찌 지내실래요? 다섯 달 정도는 기다려야 할 텐데요." 나의 대답은 늘 비슷하다, "기다리는 건 아무 일도 아니다. 그동안 이력이 나서 너희들 생각하는 것보다 괜찮으니 걱정 안 해도 된다."라고 말한다.

사실 그럴 만하다. 올가을의 대미인 한국시리즈도 편히 시청하지 않았던가. 언제 적에는 응원팀의 경기가 없으면 아예 볼 생각을 하지 않았는데 이제는 준플레이오프전부터 다 챙겨 시청한다. 평소 경기에도 어느 선수의 기량까지 대략 꿰뚫는 듯 훤히 아는 편이기는 하다.

올해는 시즌 초에 1등도 몇 번 하고 연승도 하는 등 가을 야구를 하려나 하는 기대도 있었지. 야구 관중도 폭발적으로 증가하는 기류이고 특히 젊은 여성들의 응원도 열정적이어서 한결 관심들을 끌기도 했다.

그리고 보면 모든 스포츠의 최종 목표는 우승에 있지만 야구는 유독 가을 야구에 가는 게 우선의 목표가 되기에 팀들 간의 경기는 더욱 가

열해지기 마련이다. 비슷한 실력의 팀들이 가을 야구를 하기 위해 최선을 다 했지만 나의 팀은 또 이루지 못한다. 그래도 모두들 즐거운 표정이다. "내년에는 가을 야구 하자" 팻말도 흔들고. 스포츠는 이기는 경기도 지는 경기도 모든 희망을 함께 하는 선물일지도. 그게 스포츠이기도 한가 보다.

나의 야구 사랑은 오랜 생활 속에서 피어난 것이기에 기다림쯤은 예사로 생각한다고 말은 하지만 한 번씩 서운하고 아쉬움도 밀려온다. 젊은 시절에는 애들 키우고 바쁜 생활을 하면서 운동장에 가든지 방송중계가 있는 날이면 힘이 나서 일도 하며 그 시간을 기다리기도 하고, 경기장 가까이 집이 있을 땐 식구들이 다 같이 가기도 했다.

야구장에 자주 가다가 한번은 1루 쪽에 앉아 있다가 이름도 잊히지 않는 김○○ 선수의 파울 볼이 당시 고등학생인 딸의 머리 위를 정통으로 맞아 아찔한 경험을 한 적도 있다. 한참 젊었던 어느 시기엔 고교야구에도 관심이 많아 라디오 앞에 앉아 중계방송 듣느라 열을 올렸었지. 당시 박○○ 선수, 유○○ 선수, 선○○ 선수 등 인기는 굉장했고 그들이 부상이라도 입으면 가슴을 태우기도 했다.

어느 친지는 "네가 조용한 편인 줄 알았는데 스포츠를 좋아하는구나" 하는 말을 한 적도 있다. 애들도 다 자란 노년의 시기에는 집은 해운대에 있고 경기장과는 거리가 상당히 멀었지만 지하철 갈아타고 내려서는 조금은 걸어가는 곳인데도 반려자와 부지런히 경기장에 갔던 일! 날들이 흐르고 보니 그날들도 오래된 듯 이제는 이런저런 이유로 직접 가기엔 힘들어 집에서 중계방송으로만 시청하며 모든 마음을 가다듬고 있다.

야구 시즌도 지나고 휴식기에 들어간 며칠간, 아니 한참 동안은 허전하기는 하다. 야구 중계를 시청하던 제법 긴 시간을 무엇하며 지내나…. 책도 보고 TV 시청도 조금씩 하겠지. 나의 일상은 나를 기다리리라. 어쨌든 지금의 이 시점에서도 나는 영원히 스포츠와 함께 할 수 있다는 게 정말 내겐 유일무이한 취미로 자리매김해 주어 감사하게 생각하고 싶다.

이 많은 나이에도 변하지 않는 나의 마음은 지금의 내가 더 나은 마음으로 살아가게끔 많은 도움을 주지 않나 싶다. 스포츠야말로 인생의 희.로.애.락.의 느낌을 고스란히 들게 하는 그 무엇이 아닌가 여겨진다. 희망의 나의 스포츠! 팀의 영원한 번영을 바라고 싶다. 아울러 내년엔 꼭 가을 야구가 이루어지기를 함께 기원해 본다.

(2024. 11.)

고향 바다

"내 고향 남쪽 바다, 그 파란 물 눈에 보이고 꿈엔들 잊으리오, 그 잔잔한 고향 바다…"(이은상 작사, 김동진 곡) 주옥같은 가사와 음률, 언제 들어도 가슴속 깊이 스며드는 노래다.

내 고향 바다는 조용하고 사람들이 많이 찾지 않아 파도만 철썩이는 바다는 아니고 여름이 오면 성수기를 맞는 부산의 여러 바다들이다. 그 대표적인 곳은 역시 해운대 바다. 화려한 시설과 붐비는 인파, 가히 세계적인 명소와 버금가게 알려져 있는 해운대! 수십 년 전엔 신혼여행 가는 곳으로 각광을 받던 해운대다.

해운대 바로 곁의 송정 바다는 세월의 저편에 묵묵히 존재하는 아련함을 주는 곳이다. 해운대에서 송정으로 넘어가는 달맞이 고개는 그 경관이 수려해 관동팔경이라고도 한다. 시설이 잘 꾸며진 멋진 찻집에서 차를 마시며 저 아래로 보이는 해운대 바다 전경을 감상하며 좋은 시간을 가지기도 한다. 송정 바다는 파고가 낮고 모래가 부드러워 그 옛날 여고 시절에 체육 선생님의 인솔로 해양 훈련을 받은 적 있는 아름다운 추억이 있다.

또 요즘 광안대교로 유명한 광안리 바다는 은근히 가족들과 부담 없이 갔었던 해수욕장이었다. 한국의 나폴리라는 닉네임도 있다. 어디 그뿐인가. 집이 있는 동래에서 시내를 지나 제법 먼 거리에 있었던 그리운 송도도 있다. 예전의 부모님께서는 그곳도 가끔 데리고 가셨다. 그당시는 살기도 어렵고 요즘과 모든 게 달랐던 시절이었을 텐데 말이다.

참, 고향의 바다로 빠뜨릴 수 없는 영도의 태종대는 빼어난 멋과 웅장한 경치에 타지에서 온 사람들을 와~하는 탄성을 자아내게 한다. 저멀리 보이는 바닷물은 왠지 사람에게 심오한 마음도 갖게 한다. 어떻게 고향의 바다들을 일일이 설명할 수 있을까 하는 어려운 면도 있다.

비행장이 있었던 수영 바다도 있다. 수영 바다는 바로 도로 옆에서 차를 타고 가면서도 찰랑거리는 바닷물을 볼 수 있었다. 이 모든 자연의 혜택 속에서 평생을 살아오며 고향을 고향에서 그리워하며 그리 지내온 것 같다.

요즈음 주변에서 어린 아기나 어린이들을 보면 저 애들도 성장하며 인생의 길을 걷고 있겠구나 하는 마음이 든다. 인생의 여정은 길고 길지만 지나고 나면 순간이지 않은지 저들도 곱게 잘 자라야지 하는 마음을 갖게 된다. 집의 애들도 집 떠나 공부할 때도, 타지에서 가정생활을 하면서도 집에 오면 바다는 한 번이라도 보고 나서 간다. 그들에게도 바다는 추억 그 자체가 아닐 수 없었으리.

자라면서 아기자기 꽃피웠던 모든 일들도 바다와 연관된 게 많다. 여러 형제 자식 그 손주들이 여름이면 해운대 외갓집에 모여 해수욕장 갔던 일은 일 년 중 큰 행사이기도 했다. 친정어머니께선 이들을 거두시느라 힘드셨을 텐데도 늘 즐겁게 맞이해 주셨지. 철없는 자식들은 엄마 힘드신 걸 조금이라도 알기나 했을까. 정말 아쉽고 그리운 날들이다. 생각만 해도 가슴이 여려진다. 그때 모였던 어른, 아이 그 사람들은 어디서 그리 한번 모여 볼 수 있을까. 꿈에서라도 그리해 봤으면…

부모님 먼 세계로 가신 지 오래되고 형제자매 다 건사하지 못한 형편이어도 그 마음만은 영원한 내 몫으로 남아 있다. 고향 바다와 함께. 올여름 유난히 덥다고 하니 하나의 그림이 떠올려진다. 챙 넓은 모자, 바람 부웅 넣은 알록달록 튜브(예전에는 우끼) 울러 메고 외갓집에서 멀지 않은 해운대 해수욕장을 향해 힘차게 걸어가는 우리 가족들의 모습! 홀로 그리워하다 미소도 지어 보고 눈물도 머금어 보게 된다.

고향의 바다는 영원히 나를 떠날 수 없는 마음인 것을, 그리고 오늘의 내가 살아가는 데 자그마한 힘이라도 실어 주는 아름다움이란 것을….

(2025.07.)

생각나는 사람

수필문학 부산작가회 선생님 제위께.

이번에 기획연재의 글을 쓰게 되면서 이렇게 편지글을 드리게 되었습니다. 제목을 '생각나는 사람'으로 정해 놓고 정말 생각을 오래 가져 보았습니다. 사실 저는 모든 면에서 부족함이 많은 사람으로 늦은 나이에 이르기까지 신문 등에 짧은 글을 투고하며 그리 지내고 있었습니다.

하도 오래되어 글을 발표했을 때의 제목이 기억나지 않지만, '입시철에', '며느리 본 뒤', '막내 결혼시키고', '군 복무' 등 거의 생활 주변의 일들이었으니 얼마나 긴 투고 생활이 결부되어 있는지 알 수 있습니다. 그중 몇 년은 '코끼리 여성문학회' 회원으로 유명 작가분들을 한 달에 한 번씩 모시고 강연을 듣기도 했습니다.

그때 부산의 신문에 여성문예란 평을 하시는 선생님과 투고하는 몇 사람과 신문사에서 좌담회를 연 적이 있었습니다. 그 선생님께서 저에게 등단 절차를 밟아 보라고 권하셨습니다. 그 방면은 전혀 생각해 보지 않았었는데 그로 인해 수필문학지에 두 차례의 작품을 차례로 보내어 뒤늦게 등단을 하게 되었습니다.

당시 회장님이신 강석호 선생님과 이성보 선생님께서 일부러 부산까지 오셔서 축하해 주셨지요. 시내까지 가서 만나 뵙긴 하였지만 제대로 인사도 못 드리고 가시게 해서 두고두고 죄송함을 금할 수 없었습니다. 그 후로 좋은 글도 못 쓰지만 수필문학사에서 출판하는 사화집과 연말대선수필집, 월간 수필문학지 등에 작품을 종종 발표하며 지냈습니다.

그 무렵 부산에 계신 분으로 서울 본사에서 등단하신 분들이 '수필문학 부산작가회'를 운영하기로 하고, '수필문학21'이라는 제호로 동인지도 1999년도에 첫 출판을 하게 되어 열심히 글을 쓰고 모임도 가졌습니다.

서울의 수필문학에서 그 후 해마다 곳곳에서 세미나를 개최했을 때 열심히 참가했습니다. 하지만 워낙 소심한 성격이라 유명 선생님을 뵙고 인사도 못 드리고 소원하게 돌아올 뿐이었습니다.

그에 비하면 부산 모임을 계속하다 보니 훌륭한 인격과 소양을 두루 갖추신 분이 많으신 것도 알게 되었습니다.

서울의 강석호 회장님은 세미나서 뵈면 언제나 자상하시고 잘 대해 주셔서 고마운 분이셨는데 그리 떠나셔서 안타깝고 아쉬움이 그지없습니다.

부산 모임의 주축이기도 한 초대 이병수 회장님도 뵙게 되지 못하시고 생각 속에 계시기만 하고 또 언젠가부터 코로나19라는 뜻밖의 좋지 않은 상황이 계속되어 회원님 뵐 기회도 멀어지고 고학년이라는 엄청난 나이에 이르러 몸 상태도 점점 힘들어져 오래 뵙던 회원님들께 한번 글월을 드려 봅니다.

모임에 가서 말없이 앉아만 있다 왔기에 미안한 마음도 있었기에. 최홍식 회장님 오래 회장님 하셨고 애를 많이 쓰셨지요. '수필문학21'이라는 동인지 제호도 만드셨지요. 수필모임 끝나면 해운대 사서서 남태희 선생님과 셋이 지하철 타고 오거나 아니면 남태희 선생님 차 갖고 오시면 차 타고 왔지요.

정경수 회장님께서 요즘도 회장님이시고 바쁘고 보람되게 지내시고 글도 다방면으로 잘 쓰시고 늘 감사하게 지냈습니다. 유판수 선생님도 실력 있으시고 좋은 인품을 가지시고 글도 잘 쓰시구요. 얼마 전 좋은 책 '등부'를 내신 부산대학 동문 조유환 선생님도 축하드립니다.

이번에 '문학의 시점' 내신 안유환 선생님 너무 다양한 공부와 기독교를 향한 숭고하신 심경 존경스럽습니다. 두툼한 책 차근차근 다 읽겠습니다. 먼저 제목부터 다 살펴봤습니다. 언뜻 보인 목사 작명가, 엽서 한 장 재밌게 읽었습니다. 김영 선생님께선 방송하시는 분으로 성공하셨고 수필가로도 좋은 글 쓰셨죠.

장봉천 선생님 어떠신지요. 괜찮으신지요. 참, 김원순 선생님, 김자호 선생님 뵙고 싶네요. 지난 시간들이 두고두고 그리워질 것 같습니다.

모든 부산작가회 회원님들 오래오래 생각하겠습니다. 수필문학으로 인해 제가 간직하게 된 '생각나는 사람'으로 모시게 되었습니다. 글 모임 30년 뜻있는 날들을 보낼 수 있게 해 주셔서 부산작가회 회원님들 고맙습니다.

건투하셔요!!

강정희 드림

(2025.09.)

엄마집

ⓒ 강정희, 2025

초판 1쇄 발행 2025년 12월 1일

지은이   강정희
펴낸이   이기봉
편집   좋은땅 편집팀
펴낸곳   도서출판 좋은땅
주소   서울특별시 마포구 양화로12길 26 지월드빌딩 (서교동 395-7)
전화   02)374-8616~7
팩스   02)374-8614
이메일   gworldbook@naver.com
홈페이지   www.g-world.co.kr

ISBN   979-11-388-4982-1 (03810)